가고 나면 아무것도 안 남는다,
돌들의 발란

가고 나면 아무것도 안 남는다, 돌들의 발란

2025년 8월 22일   초판 1쇄 인쇄 발행

지은이   박광옥
펴낸이   박종래
펴낸곳   도서출판 명성서림

등록번호   301-2014-013
주소   04625 서울시 중구 필동로 6 (2, 3층)
대표전화   02)2277-2800
팩스   02)2277-8945
이메일   msprint8944@naver.com

값 10,000원
ISBN 979-11-7439-026-4

본 책의 구성 및 맞춤법, 띄어쓰기는 작가의 의도에 따랐습니다.
이 책의 저작권은 저자와 도서출판 명성서림에 있습니다. 무단 전재 및 복제를 금합니다.
이 책 내용의 일부 또는 전부를 재사용하려면 반드시 저자와 도서출판 명성서림의 동의를 얻어야 합니다.
파본은 구입처에서 바꾸어 드립니다.

가고 나면 아무것도 안 남는다, 돌들의 발란

제천 소나무 박광옥
제9시집

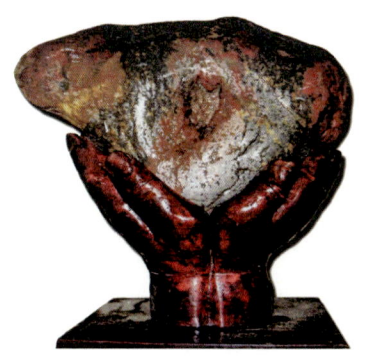

도서
출판 명성서림

▲ 위 자리는 후일 무궁화 동산 자리가 되었다.(하소동 211-1 신당로원)

▲ 2022.8.14. 연지양

▲ 노래비
제천시 봉양읍 명암리 산 4번지 영농법인 산채 건강 마을 내 박광옥 시 김동진 곡 가곡「후회」노래비 (2009년 6월 건립)
석질 및 크기 : 자연석에 오석판 부착 (30x80x5)

▲ 헌시비
제천시 모산동 568-1 현충시설물 중 월남참전 기념탑 앞에 박광옥 시(2022년 작업) 헌시 「이별의 씨앗」 신당노원에서 옮겨져 왔음

| 저자소개 |

1) 제천소나무 박광옥

2) 출생지 :

　본적지는 충북 제천군 중앙로2가 146번지로 박응석, 오운학 슬하 5남 2녀 중 장남

3) 등단년도. 등단지 :

　문학세계 1998년 11월 신인문학상을 받으며 시인으로 등단

　문학세계 1999년 11월 신인문학상을 받으며 수필가로 등단

4) 저서로 :

　1998년 1월 도서출판 천우에서 시집《제천소나무》발간, 1999년 문학세계로 수필 등단, 2004년 5월 도서출판

한국시사에서 《송학산-노을》을 2011년 4월 세종문화사에서 수필집 제1집 《미래를 여는 글》을 2019년 12월 문학신문 출판국에서 제3시집 《향맥》 시선집을 발간하고 2020년 11월 청어출판사에서 《내 울안의 생태 정원사》를 2021년 11월 청어출판사에서 《둥지를 틀어》를 출간하였으며, 2022년 3월 세종문화사에서 《탑 정신 그리고 그 탑의 비밀들》을 2022년 10월 제6시집 청어출판사에서 《무궁화 씨를 뿌립시다》를 2023년 8월 제7시집 명성서림에서 《사랑이란》을 출간하였다. 2024년 10월 제8시집 《후회》를 시선집으로 문협출판부에서 출간, 명성서림에서 2025년 8월 제9시집 《가고 나면 아무것도 안 남는다, 돌들의 발란》 출간

5) **문학상 수상경력 :**

　2001년 3월 제2회 문학세계 문학상 본상 수상, 2002년 3월 12일 세계 시의 날 기념 이탈리아 국립시인협회 주최 "이태리 시의 바벨탑" 프로젝트에 한국을 대표하는 7인의 서정시에 선정(시 "제천소나무" "후회"). 2002년 10월 문학세계·시 세계 100호 출간기념 문학발전 공로상 수상, 2003년 12월 시 "후회" 김동진 작곡으로 가곡 탄생, 2004년 6월 제천 문화원 문학발전 공로상 수상, 2004년 7월 세계 계관시 대상 수상 "하늘을 울어르면 흐르는 눈물", 2004년 12월 제15회 한국시 대상 수상

(시집 《송학산-노을》 2006년 세계 시의 날 기념 유네스코 주최. 이태리 「국립시인협회 주관하는 시의 바벨탑에 한국을 대표하는 10인의 시인으로 선정 수록됨 (시 "봄과 함께"), 2010년 2월 시가 흐르는 서울 조성사업에 시 "환상특급"이 청량리 지하철역 스크린 도어 게첨(서울시 사업), 2019년 12월 세종문학상 수상(시문학상), 세종문학상 수상(수필부문)함. (기타 국가 및 기관단체상 대통령 표창 1회, 이하 60여회 이상)

6) 문단 활동 이력 등 :

   제천문인협회, 충북문인협회, 한국문인협회, 한국시인협회, 국제펜클럽 등 단체 회원으로 활동하며, 문학세계, 시세계, 문학 아카데미, 시안, 한국시사 세종문학사(문학신문) 등에서 작품 활동을 통한 문인 간 교류와 문단 활동에 주력하였음.

7) 문학을 하게 된 동기 :

   문학에 관심 있던 중고등학교 시절을 배구선수로 활동하다가, 문학을 놓게 된 것이 아쉬움으로 남아있었다. 50대 갑자기 찾아온 병마와 싸우면서 다시 문학을 시작하게 되었다. 문학을 하면서 건강도 찾게 되었고 지금도 문학을 놓지 않고 정진하고 있다.

8) 본인이 추구하는 문학관 :

   초년에 추구하던 예술시에 도전하고 싶으며, 국민의 애정과 관심을 회복시킬 수 있는 고향시, 현장감 넘치는 생활시, 환경 보호를 위한 자연 생태시, 중소도시 균형발전을 위하여 감성시를 계몽적 시 정신으로 발전시켜 지역 균형발전의 국민공감대 형성에 주력하는 작품을 해 보고 싶다.

| 서문 |

가고 나면 아무것도 안 남는다, 돌들의 발란

　자연석에 대한 이야기들은 취미생활에서 수석을 소개하는 과정으로 7시집에서 10여 편의 소장 수석을 사진과 함께 소개 했었습니다.

　8시집에서 무지개 구름이란 시집에 나머지 수석을 다 공개 할까 하다가 제목도 "연금술"로 바꾸어 9시집으로 출판하게 되었습니다.

　그렇게 된 동기는 나이가 더 먹어가면서 언제 어떻게 될지 모르는 생명에 대한 불안감에 대표작을 찾아보는 시선집을 8시집으로 먼저 내고 9시집에서 좀 여유를 가지고 그동안 수집한 수석들은 그의 근원인 무한한 자연석에 관한 이야기들과 무한한 자연에 대한 이야기들을 한곳에 모아 다하지 못한 고향에 대한 흔적을 남겨 보고자 해서였습니다.

　두 번째로 수석에 대한 무한한 자연에 대한 시를 사진까지 겹쳐 시집이라 내놓은 것을 본 일이 있어 내 생각이 내 고향의 토양에서 생성된 귀중한 물건들로 때로는 고향 산천의 모습에 흔적을 남기는 게 옳다고 고집을 부려도 독자들에게 문학작품으로서 감동을 줄 수 있는 가치 창출에는 미흡하지 않은가하는 의구심으로 작품 배열을 미루다가, 이책 저책을 뒤적이다가 한날 한국문인협회 편 그리운 작가 영원한 명작을 읽던 중 수석에 대한 이야기가 있는 대원로 시인의 이야기가 있었습니다. 그 이야기를 요점만 발췌해 보기로 하였습니다. 그분은 일찍이 정지용의 추천을 받아 등단한 청록파 시인 박목월 선생과 박두진 선생 조지훈 선생 세 분이 내가 태어나기 직전 일제 말 혼란한 시절 말기에 세분이 작품을 모아 시집 청록집을 발간했답니다.

내가 태어나고 일 년 후 광복이 되고 광복 직후 우리 시단에 전혀 새로운 시를 들고 나오시게 되 광복 후 우리 시단에 대표적 시인들로 자리매김을 했을 뿐아니라, 평생을 문단의 지도자적 위치에서 지내들 오셨으며 여기서 세 분중 말년에 수석 수집과 서예에 일가를 이루어 그 방면에 유명인사가 된 분이 한 분 계십니다.

그분은 1916년 경기도 안성에서 태어나셨습니다.

호는 혜산 1940년에 「문장」에 향현, 묘지송, 의, 들국화 등 다섯 편을 정지용의 추천을 받아 등단하셨다 하며 공교롭게도 내가 늦게 문단에 등단하게 된 1998년에 타계하셨다 합니다.

그분은 혜산 박두진 선생이십니다.

후일 박두진 선생은 굳고 강인한 인상의 시인으로 정지용의 청록파 시인으로 소학교를 나와 대학교수가 된 시인으로, 수석 탐석과 서예가로 일가를 이루고 초기의 예술시에서 말년의 신앙시까지, 언젠가 한 번은 선생님 왜 그렇게 돌을 열심히 주우러 다니십니까? 하고 물어본 일이 있다합니다. 혜산 선생님 댁에 가면 입구에서부터 돌이 꽉 세워져 있었습니다.

혜산 선생님이 그랬답니다. "모든 것이 다 죽으면 떠나버리는데 돌은 영원히 죽지 않고 변하지 않고 그대로 있다."라고 말입니다.

1970-1980년대 혜산 선생은 취미가 수석 탐석 이었는데 수석으로 유명하셨고 「수석 열전」이라는 작품도 남겼다 합니다. 서예와 함께.

80년대 무렵 충주댐 공사가 한참일 때 선생의 주위에 있는 시인, 시인 지망생들을 데리고 연휴에는 남한강 북부 청풍강까지 탐석을 나와 강바닥을 뒤집고 다녀 저도 하나라도 빼앗기지 않겠다고 수집을 해다 집 곳곳에 쌓아놓기 시작해 그때에 상황을 잘 기억하고 실제 돌도 중간에 많이 잃어버리고 나쁘게 말해 좀 귀하다는 돌은 도둑도 많이 맞았습니다만은 그 어렵고 힘든 세월을 넘기면서도 저는 돌을 내 손으로 돈을 받고 팔은 것은 한 톨도 없었습니다. 지금도 잘 보관하고 구석구석 갈무리하고 있습니다. 급기야 그 실체를 영구히 보존할 수 있는 시집으로 묶어 놓는 작업이 이 책 '연금술'이 되었습니다.

이렇게 9시집 "연금술"을 그러한 시 정신을 담아 상재해 올립니다. 고향에서 평생을 살다간 시인의 고향에 서 있는 돌들의 이야기는 군 생활을 마치고 초년의 방랑과 방황을 청산하고 고향을 안식처로 지키고 삶의 터전을 새로이 일으키자는 의지로 대들었으나, 나를 반기고 맞아주는 것은 발에 걸리는 돌부리뿐 이었습니다. 그렇게 맺어진 돌과의 인연이기에 개천에 널려있는 모래 둔치를 사물로 활용 헐어내 벽돌을 찍고 돌의 생활 용품화 돌을 활용한 연금술에 일확천금을 꿈꾸던 고난의 시기를 지나 이제 수석의 의인화를 꿈꾸는 시인의 시인 정신을 이 책 박광옥의 제9시집으로 고향에 살으리렸다의 흔적으로 남겨 놓습니다.

고향! 고향! 떨어져 있으나 몸담고 살거나 사무치는 애증의 이름이군요! 고향 멀리 나가 살고 있는 제천인들에게 위안의 말로 남깁니다. 이런 사연들을 담아 이 책의 이름을 "가고 나면 아무것도 안 남는다"로 바꾸어 상재해 올립니다. 돌들이 발란을 꿈꾸며

2025년 8월
충북 제천시 신동 돌모루 마을에서
제천 소나무 박광옥 삼가

차례

06 / 저자소개
10 / 서문

1부

18 / 제천 소나무
21 / 정원사2
22 / 폭포석
23 / 무지개 구름
24 / 다람쥐 무늬석
25 / 수석壽石
26 / 침묵沈默
27 / 오석
28 / 홍보석(황토석)
29 / 입석
30 / 미석
31 / 석양의 포구
32 / 곰보석
33 / 암자의 터전
34 / 정원석
36 / 방석
37 / 목석
38 / 청풍 강변의 돌섬
39 / 물속에서 살으리랏다
40 / 종유석鐘乳石
41 / 외딴 오두막집

2부

44 / 망부석望夫石 건지다
46 / 산수경석
47 / 물 돌
48 / 관통석과 입석의 차이
49 / 오, 자와의 인연
50 / 물위를 걷는 돌오리
51 / 장군석
52 / 세월
54 / 수석2
56 / 관통석
57 / 탑의 유래
58 / 이별의 씨앗
60 / 살구 꽃 안녕
61 / 후회
62 / 옛 시절의 한 모습
63 / 흔적痕迹
64 / 돌탑
65 / 돌의자 삼 남매
66 / 꽃이 핌을 알리는 바람
67 / 돌모루
68 / 표고버섯

3부

- 70 / 연금술
- 72 / 가고 나면 아무것도 안 남는다
- 73 / 돌들의 발란撥亂
- 74 / 청풍 강변의 북진 나루
- 75 / 피재골 망월望月이요
- 76 / 청풍淸風에 부는 바람
- 77 / 그리운 청풍 강
- 78 / 의림지 쌀눈
- 80 / 의림지 산책
- 81 / 청풍호수의 낙조
- 82 / 송학산-노을
- 84 / 국사봉 낚시터 입체화
- 85 / 천둥산 박달재
- 86 / 제비랑 산성 가는 길
- 88 / 나는 기다림을 밟고 산을 간다
- 90 / 용두산 정상
- 91 / 새벽, 산 품
- 92 / 청산에 비 내리네
- 93 / 햇살이 따스한 좋은 봄날에
- 94 / 옛 산골에 다시 오니
- 96 / 거울 앞에 앉아서

4부

- 98 / 산에서
- 100 / 산에서 2
- 102 / 산에서 3
- 104 / 산에서 4
- 105 / 산에서 5
- 106 / 산에서 6 (잣나무 골 가던 길)
- 108 / 산에서 7
- 109 / 산에서 8
- 111 / 아버지 산소
- 112 / 풍년 잔소리
- 113 / 여름이 불타고 있다
- 114 / 아버지의 18번 2
- 115 / 밤나무 아래로
- 116 / 희망
- 117 / 춤의 바다
- 118 / 하나의 행복
- 119 / 사색가思索家
- 120 / 80대의 찻잔
- 121 / 나는 못 가네
- 122 / 묘비명
- 124 / 족보

126 / 제천시 문학관 건립과 도시 재생 사업
128 / 제천시 문학관 건립과 도시재생 사업. 보탬1.
135 / 2025년을 보내며, 산지개발2
142 / 월악산

147 / 시인의 문학 발자취

1부

제천 소나무

청량리역 앞에서
제천 소나무를 만났다
소나무의 앞가슴에서
웬 고향 냄새가 날까?

세월은 그 소나무에
무게를 준거야
알 수 없는 무게를 준 걸거야

열아홉쯤 된 소나무가
몸을 비비 꼬고
손을 살짝 들고 있는 것 같은
젊은 소나무 세 그루가 서 있던 곳

휑하니 뚫린 길가에
황금 벼알과
마을을 지키는 노인과

통통하게 살찐 엉덩이를
삐죽이 내밀고
풍만한 가슴 쳐 받치고
치렁치렁한 머리채 쓸어올리듯
중년의 소나무 세 그루
수다를 떨고 서 있던 곳

언제까지나 잠들고 있을 것 같던 곳
그 제천 소나무를
청량리역 앞에서 만났다.

소금강에서 본 소나무는
껍질도 도장 찍은 것 같고
키도 시원하게 잘도 뻗어
하늘을 찌르는 건, 머슴애 소나무!

청풍 한벽루 옆 강변에서
선비들 글 자랑깨나 듣고 큰
소나무가 왜 몸을 비비 꼬고 있는가
의림지 소나무는 천년이나 묶었다면서
주책없이 몸을 비비 꼬고 서 있다
그런 제천 소나무를
청량리역 앞에서 만났다.

제천역 가락국수집 앞에서
밤이슬 맞으며 서 있는 것을
엊저녁 보았는데
막차 타고 왔나
청량리역 앞에서
제천 소나무를 만났다.

정원사2

백지 오석 시비감을 세워 둔 정원의
자연석 큰 말뚝에 오! 신이시여 영감을 주소서
시인이 된 정원사는 그 옆을 지날 때마다 머리를
조아리다 염원에 젖어들기도 했었다네
정원사의 정원에 30년째 정원 문설주가 된 자연석의
오석 말뚝에 시를 깊이 새겨 놓을 때가 된 것 같다고
정원에서 따온 붉은 장미 한 송이를 들고 무언의 돌 위에
시인은 글을 새겨 넣고 있다네
초원에 장밋빛 붉은 글씨로

폭포석

수석(자연석)에서
폭포의 절경을 감상할 수 있네
실내에 앉아 자연의 경치를
노래할 수 있는
자연석은 그리 흔하지 않네
하여 40여 년을 정원 한편에 있던 것을
석항을 설계하면서 내실로 옮겨 볼까
손질을 하고 있네 내가 개미가 되어
폭포 앞에서 기도를 드리는 기분으로 앉아 보네
이렇게 하여 돌은 자연석으로 자연을 노래하는
서경시의 태동을 입증하게 되네

무지개 구름

빛의 조화다
선녀들이 무지개 구름을 타고
내게로 오는 꿈을 꾸었다
7색조가 번득거리는
무지개 구름 위로
내가 올라갔다

잠에서 깨어났다
무지개 구름 위에 드러누워
뜬눈으로 밤을 지세웠다
오래 살다보니 이런 황홀한 밤도 있구나

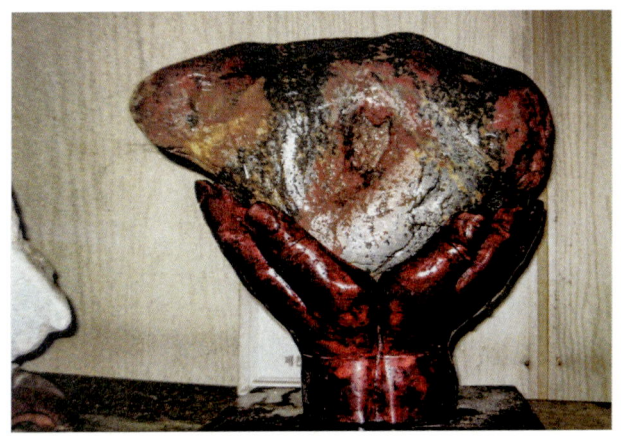

다람쥐 무늬석

옛 청풍강 터줏대감, 돌의 중량도 대단하네
세월 흘러 청풍호 밑바닥 용궁에서나 볼 수 있을는지
지난날 청풍강 수석의 진수 중 한 종목을 차지할 수
있는 물건을 보며 그 세월을 추억해 보네
자연에서 얻어지는 물건은 그 물건만큼의 품위
유지비가 매겨지는 게 현실의 상혼이네
고귀한 시혼이 있다면 고귀한 상혼도 있네
또한 개똥철학이 있는가 하면 고귀한 철학 혼도 있다네
중량 있는 물건에 혼魂을 불어넣을 수 있는 일도
시인이 할 수 있는 일이기 때문에
나는 이일을 서슴없이 하고 있네
다람쥐 무늬석이라 이름하여.
이 돌에 수석의 혼을 불어넣어 보네
꼼꼼히 따져 보세 밝은 보름달에
노랗게 벙그는 달맞이꽃을 노래 부르듯
물이 흐르는 수석을 감상해 보네
이것을 그냥 돌이라 할 수만은 없지 않은가

수석壽石

내 수석장에는 몇 점의
천연의 문양석이 섞여 있네
문양석은 수석의 진수이네
까만 오석판에 5색 찬란한 색의 조화로
그림을 그려놓은 황홀한 수석의
진수가 그 속에 그려져 있어서이네
그때는 88올림픽을 앞두고 있던 세월
사회는 88로 들떠 있는데
청풍강에 나가 물속을 뒤척거리다가
노란 금빛 황금실로 수를 놓은 방석 위를
뛰어오른 듯한 8자를 수놓은
앙증맞은 소품을 하나 건져 올렸네
수석장에 진열해 40년 세월 8자와 깊이 정들었네

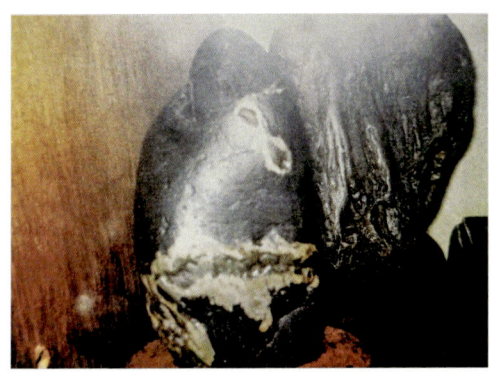

침묵 沈默

돌도 물이 가면
빛이 살아난다
생명도 살아난다
급기야 마주 보는 눈길로 말한다
돌이 침묵을 깨고 웃고 있다

오석

옛 청풍강 수석 중 제 일석이라 할 수 있는
이 수석의 이름이 오석이네
새까만 눈동자 아가씨의 매력만큼
새까만 빛이 유난히 돋보이며 보기만큼
그 돌의 강도도 대단하네
두들기면 쇳소리가 나올 정도이니까
평원석 판 위에 단봉의 동산 하나를 올려놓았네
이렇게 물을 먹은 그냥 돌이 아닌 수석에 함자가 붙네
그 이름은 제천 청풍산 오석
그 형태 모양에 따라 이름이 붙네
자연의 세계는 미묘한 깊이를 연출하네
출생지도 꼭 따라다니네

홍보석(황토석)

수석 중에는 붉은색이 나는
종류의 수석이 있어 눈길을 끄네
그의 이름이 홍보석이네
한쪽 구석에 있던 것을
가까운 곳으로 끌어내어
굳게 여문 맨살이 붉은 핏빛으로 물든
이유를 물어보기 시작했네
대답은 없지만 자연 속에 널려있는
그들의 형제들의 개성 있는 모습들을
비교해 보는 마음엔 어느새 나만의 미소가
스며 번지네 수석水石 수석壽石

입석

물을 먹고 서있는 입석은
여러 형태로 그 지형의
특징을 볼거리로 현장을 지켜주네
이 입석은 안정감을 주는 입석의
점잖은 모양을 갖추고 자연의 아름다움을
우리에게 전해주고 있네
그도 제천시 청풍강이 고향이네

미석

수석의 깊이 있는 색감을 지닌
지성미를 풍기는 무게를 지닌
수석이네
미덕을 지닌 품위 있는 중년 여인을
옆에 했을 때 느끼는 감성을 주는 수석의
느낌 때문에 정원에서 빼내어
서재의 한 귀퉁이에
석항을 만들어 진열해 볼까 설계를 해 보네

석양의 포구

나는 지금 이별을 생각하고 있다.
만나지도 않았는데
이제 곧 떠날 텐데
나는 지금 이별을 생각하고 있다.

포구를 선회하는 뱃고동 소리가
갈매기 소리를 잠재우며
이제 곧 만날 텐데
나는 지금 이별을 생각하고 있다.

방파제 앞 긴 칼 차고
빨간 투구 쓴
등대가 외롭게 지키는 포구에서
나는 지금 이별을 생각하고 있다.

먼먼 바다를 지켜보다
지쳐 쓰러지는 석양
고운 눈물 짓는 포구에서
아! 저 내 긴 그림자

곰보석

징그러울 정도로 또는
어떻게 보면 미뿌기도 한
등허리가 곰보가 저 있는
두꺼비 형태의 소품이네
수몰 전 청풍강에서
얻어 왔네

암자의 터전

자세히 따져보면
옛 스승이 백일기도를 드리는
암자의 자리가 있음직 하네
또는 첩첩산중 돌산을 보는 듯
세상을 잊게 하네
때 묻지 않은
암자의 자리 하나
내 석항에 세워놓으려 하네
물고기를 기르는 어항이 있네
돌을 살리는 어항을
나는 석항을 만들겠다 하네

정원석

정원에 경계석으로 돌을 쌓아
정리하는 것은 기초 작업이다
작은 정원의 운치를 추구하는 정원
가꾸기와는 거리가 있다
정원의 분위기 창출을 위해서
필요한 것이 정원석이다
물이 흘러 인고의 세월 모양을 만들고
풍우에 시달려 균격이 진돌, 정원에
단 한 점이라도 작은 정원이지만
세워 놓고 어루만져볼 마음가짐을
나는 아름다움의 발로 자연을 사랑하는
마음의 기초라고 생각하며 생명이 있는 돌을 아낀다
그런 바람을 가슴에 품는다
정원에 정원석은 수석을 감상함과
같은 맥락에서 인성의 부드러워짐을 느낄 수 있다
또한 현대 사회에서 황폐해져 가는 마음을
안정시켜주고 인성의 무게감도 유지 시켜갈 수
있다고 생각하게 될 것이니까

돌에게서 나는 이러한 철학 공부를 하고 있었다
나는 돌과 함께 자연의 경치를 마음껏 노래할 수
있음으로 서경시의 시 정신을 내 정원에 안치해 놓네

- 서경시 : 자연의 경치를 노래한 시 ↔ 서사시, 서정시

방석

회색을 띠는 석회석 종류의 돌방석이네
아세아 시멘트 뒷자락
제천시 송학면 입석리 끝자락
개천 바닥에서 하천정리 과정에서
억년의 고향을 잃고 방황하는 녀석을
곱게 갈무리해 가지고 와 용도를 궁리 중에 있네
평판 석으로
해 저문 여름밤 돌베개를 베고
드러누우면 뜨뜻한 온기가 시원하게
온몸으로 번지는 돌 방석의 편안함이 휴식공간이네

목석

나무토막이 돌이 된 수석
목석이 되어 두 부자가 사이좋게 서 있네
어느 가녀린 여인을 울리고
두 부자가 목석이 되어 서 있는고
물어도 대답 없이 비를 맞으며 서 있네
나무토막인 줄 알았네

청풍 강변의 돌섬

물새 한 마리가
집을 짓고
살아가는
작은 돌섬이
청풍 강변에 서 있네

물속에서 살으리랏다

물에서 큰다는 수정
수반에 담구어 보았다네
유리알 같은 몸매로
보석 같은 날카로운 빛으로
물빛에 어울리네
다이아몬드의 12촌
물속에서 살으리랏다

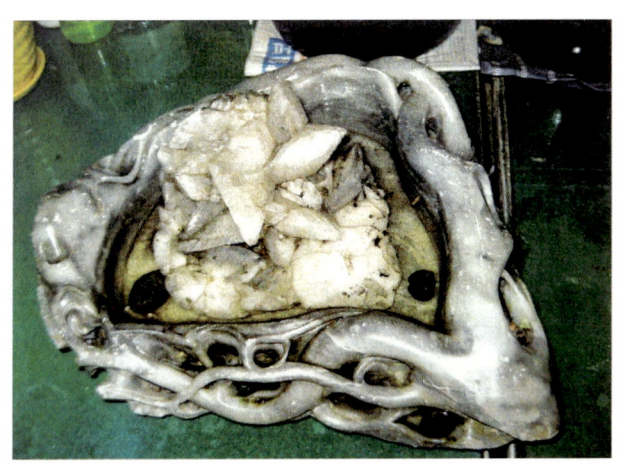

종유석 鐘乳石

동굴에서 피는 돌꽃
수 만 년 세월을 읽으며
물방울이 떨어져 쌓여
이루어진 돌꽃
동굴의 역사가 신비롭게 쌓여있네
동굴에서 피어오르는 돌 고드름
동굴 문화가 자랑하는
신비의 건축물이네

외딴 오두막집

외딴 오두막집 뒤란 긴 밭에
내 키보다 훌쩍 커버린 옥수수 꽃대 위에
꿀 벌들이 살림을 차렸는지
윙윙 요란스러운 한 세월이 지나간다.
뿌리 박힌 옥수수대가 육중하니
큰 아이 팔뚝만한 옥수수 통 매단
겹 겹 산중 외딴 오두막집
작은 툇마루 걸터 앉던
할아버지의 꺼먹 고무신작 나뒹굴고
아직 녹슬지 않은 호미 한자루 나뒹군다.
한가한 오솔길 위에 주인 잃은 닭들 목울대를
길게 뽑아 올리는 깃 치는 소리 메아리친다.
마른 풀 덤불속에 유정란이 반짝인다.
외딴 오두막집 생태의 오랜 지킴이로
오늘을 확인할 수 있음이라
이제는 빈집으로 남을 할아버지의
과거가 깊은 잠에 빠져 드는
외딴 오두막 집, 전설이 잠들어 가고 있다.

2부

망부석望夫石 건지다

정열한 아내가 멀리 떠난 남편을 기다리다가
그대로 죽어 화석이 되었다는 전설적인 돌!

우리가 사십 대 초반일적 한여름 10여 명의 친구들과
부부동반 하여 주천강 하류에 천렵을 나갔었네
잔모래가 발바닥을 간질이는 강물이 허리에 오는
물속에서 공놀이를 하며 뒷걸음치다가 갑자기
매끄러운 돌판을 딛고 미끄러져
물속에 벌러덩 넘어져 물에 퐁당 빠져 버렸네

궁금해서 매끄러운 물체를 확인해 볼량 물속을 엉금엉금
기며 잠수를 해 보았네 손을 더듬더듬 돌판을 더듬어
올라가다 나는 깜짝 놀랄 만큼 확연한 두상에 큰 눈망울을
하고 드러누워 있는 망부석을 발견했네
형체를 확인하느라고 한나절을 더듬어 모래를 파냈었네

혼자 힘으로 안 돼 친구들을 불러 망부석을 꺼내어
모래밭에 꺼내 놓고 보니 모두들 눈이 둥그레 침묵이 흐르네

승용차를 끌어다 대 여섯이 들어 차에 실었네
좌대를 파 세워 내 서재 모서리에 세워놓고 40년 세월
망부석에게 너의 과거를 말하라 취재 중에 있네

산수경석

앙칼한 돌 산
한 폭의 그림 같이
골을 따라 켜켜이 계곡을 이루고
파릇파릇 풀잎이 옷을 입히기 시작
봄을 알리고 산은 긴 잠에서
깨어나고 있었네

물 돌

깊은 바다가 아닌
강물에도 용궁은 있다네
높고 낮은 산들이 서 있고
그 틈으로 물고기들 다니는 길이 나 있어
물속에는 이끼도 돌 풀들도 나부끼네
그 속에서 물길에 잘 마모된
산 하나를 눈독을 들여 보네
집을 짓고 놀고 있는 송사리들을 쫓아냈네
옆으로 붙어 있는 올뱅이들 잡아 올렸네
쏘가리, 모래무지 튀어 나가네
오! 산수 경석의 이름이 줄줄이 서 있는 수석의 진수
까만 오석의 산수석이 실체를 드러내네
깊은 바다가 아닌
강물에도 용궁은 있었다네 이 산 밑에 있었다네

관통석과 입석의 차이

쉽게 이야기하여
돌판에 구멍이 나 있는 것이 관통석이다.
웅장한 입석 중앙이나
한 모서리에 구멍이 나 있는
거대한 바다에 솟아난 바위섬을 닮은
작은 수석에서 느낄 수 있는 작은 오석이면 족하다.
때로는 모래사막에서 돌산을 지나고 있다고
생각해 볼 수 있는 입석 한 점 정도라도 소유할 수 있는
수석 애호가가 된다면 너와 나의 시간은
늘 분주해질 것이네

오, 자와의 인연

나를 낳아 길러주신 어머님 성씨가 오씨 이시네
그래서 오, 자와의 인연은 시작되었네
그러한 어머니는 나를 오형제의 맞이로 기르셨네
나이가 들어 학교생활을 하며 토스가 좋다고
배구 선수로 착출되어 9인조 배구 코트에
중위 센터 숫자 5번을 달고 피땀 흘리는 연습을
하면서 그 오번을 등에 달고 뛰었네
그 오자와의 인연의 연속이었을까
하루 강가 자갈 밭에 앉아 쉬고 있는데
손바닥보다도 작은 오석판을 생각 없이
뒤집어 옆에 · 마침표까지 찍혀서
내 눈에 들어오네
그 수석 내 진열장에 40여년 얌전히 앉아있네

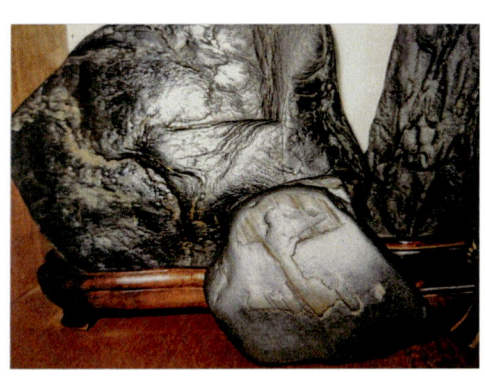

물위를 걷는 돌오리

둘째 동생이 조울증세가 심해져
정신 건강에 도움이 되지 않을까 싶어
데리고 청풍강으로 수석 탐사를 나갔었네
얼마를 지났을까 동생이 씩씩 웃으며
내 곁으로 다가오더니
형 이거 가져 하며 돌 하나를 불쑥 내미네
아니 이건 오리 머리 아니냐!
꼭 오리가 먹이를 먹으며 주둥이를 쳐들은
형상의 보기 드문 오석으로 이루어진 수석이었네
동생은 어머니가 돌아가신 몇 년 후 환갑을 겨우 넘기고
세상을 떠났으나 돌장안 물속에 떠 있는
오리는 주둥이를 쳐들고 낡은 먹이를 오늘도 열심히 먹고 있네

장군석

문을 열고 들어서면
육중하게 장군석이 서 있네
깊이 파인 근육질이 그가 지닌
집터를 누르는 힘이네
사진보다 실물이 더
깊이를 무한대로 이끌어가는
힘을 발휘하네 하여
내 집 지킴이 장군석이 되어 자리를 지키고 있네

세월

어구엔 느티나무
터줏대감

병풍을 두른 뒷산
신록 사이
화강석 비석들이
병정같이 굽어지키는
마을

초가삼간을 능가하는
대문들은 빗장으로 잠기었소

모찌는 가락은 어데갔소?
술익는 냄새는 어데갔소?
밥짓는 연기는 다 어데갔소?

병정같이 굽어지키는
화강석 비석 위에
죽은 자의 이름은
내 친구!

흐른 세월
아하! 흐른 세월
내 젊음도 묻어 놓고 간
세월

수석2

한여름도
시원한 노래
강바람으로
흥겨운
세월 낚으며
모진 비바람
강풍에
얼음장 밑에서도
쉼 없는 너의 작업
지금
너는 어떤 모습으로
변하고 있니

억년을
숨어서
바람소리
물소리
새소리
돌 돌 돌
조잘조잘

산수를 닮아가는
작업에 파묻혀온
너의 노래

네 즐거운 작업으로
지금
너는 어떤 모습으로
태어나고 있니

관통석

엷은 푸른색을 띠우는
석질에 귀한 타원형의
그림 같은 구멍이 물의 흐름을
곱게 그려놓은 관통석이네
볼수록 수석의 신비로움을
자아내네
자세히 볼수록 신비로움을
자아내네 돌에서
시냇물 물길이 아스라이 보이네

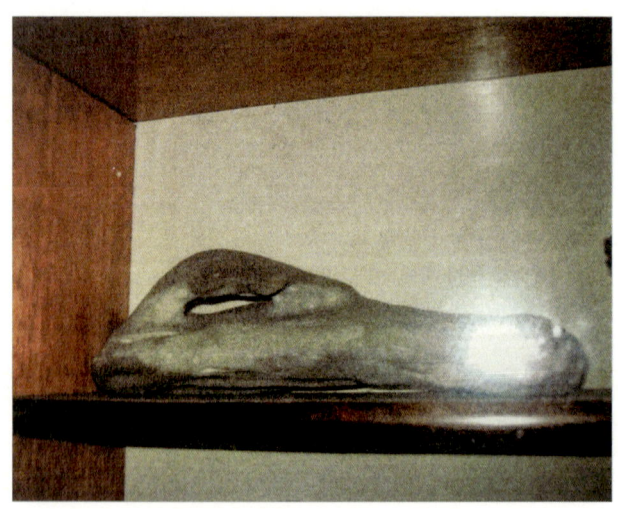

탑의 유래

내 염원은 사랑이요
내 기쁨도 사랑이요
내 슬픔도 사랑이요

사랑과 더불어 내가 태어났소
사랑과 더불어 나의 꿈도 자랐소
사랑과 더불어 나에게 희망도 생겼소

내 염원을 이루고자 기도하오
내 기쁨 있기를 기도하오
내 슬픔도 내 눈물까지도
아름답도록 기도하오

나와 네 염원을 이루고자 기도하고
나와 네 기쁨 있기를 기도하고
나와 네 슬픔도 나와 네 눈물까지도
아름답도록 합장하고 기도하오

그리하여 나의 이름 탑으로 태어났소
그리하여 나의 이름 탑으로 태어났소

이별의 씨앗

아프리카 흑인의 하-얀 이빨 같은
화장장 주차장이 자동차를 먹었다
대형 태극기로 싼 관을 뱉어 낸다
애국자!

수많은 인연들이 어깨를 스치며
향내음에 취해 아들딸의 곡소리에
저승의 문턱에서 인사를 나누다
애국자!

중사의 죽음 앞에 열두개의 별들이
떨칠 수 없는 인연을 곡하기에
저승의 문턱에서 악수를 한다
애국자!

본토의 전방 고지에서 월남전의 정글에서
젊음을 나누던 인연들 중사는 경례를 하고 간다
어깨에서 떨어진 별들을 주워 모아
하나씩 어루만져 달아주며 중사는 간다
애국자!

하얀 뼛가루 이별의 씨앗!
상자에 담겨 아들의 품에 안겨 간다
애국자!

살구 꽃 안녕

누나 우리 이사 가
응

누나 우리 어데로
이사 가
음

누나, 하모니카 불며
왜 울어

누나, 살구 꽃 보고
왜 울어

후회

박광옥 시 / 김동진 곡

창밖엔
백목련 넓은 잎이 한 잎 두-잎 떨어져~쌓인다
떨어지는 잎새 하나도
오늘은 저리 제 생긴 대로 정성을 다해 정성을 다해
땅 위에 내려앉는다. 땅 위에 내려앉는다.
별이 쏟아지는 창밖엔 살~포시 쌓이는 낙엽 지는 소리
가 정감을 더해주는 이 가을
달빛~보듬어 촛불 하나 켜~놓~고
나는~탄식한다 잡히지 않고 가을은 간다.
소슬바람 따~라 달 가듯이 달 가듯이
돌아올 수 없는 선을 넘어 선을 넘~어

옛 시절의 한 모습

옛날 우리가 어린 시절
초대 대통령의 업적 중 하나인
각 지방도로가 신작로라는 이름으로
생겨나 그 위에 자갈을 깔고
어르신 들은 도로 부역을 나가던 시절
그늘을 만들어주던 가로수는 모두
미루나무 일색이던 시절을 연상시키는
수석 한 점을 보물처럼 수석장에
넣고 그 시절에 있었던 일들을
가끔씩 회상해 보곤 했네

흔적痕迹

돌 진열장이네
내가 문지르고 닦고 하여
수석 중 소품으로 50여 년 때가 묻어
반질반질하네
정원에 아무렇게나 놓아둔 정원석들
분류하지 않고 성벽처럼 쌓아둔 수석이
몇백 점 있으나 돌 진열장에
진열된 내 손때가 묻어 반질반질
윤기가 흐르는 수석들 백여 점
내 고향에 나의 흔적으로 이렇게 남겨 놓네

돌탑

사람들이 정성 들여 탑을 쌓고
만들어 낸다고
흐르는 물이 돌 틈을 갈아
탑을 만들고 있네
내가 천년을 살다간 후
그 뒤 천년 후에는 다 닳아 없어질까
아-니 더 정교하고 완성된
돌탑으로 남아 있을까? 아니 조약돌이 되어 있을까?
두고 두고 볼일이네

돌의자 삼 남매

내 정원 군데군데
쉼터가 있네
정원을 거닐다가
좀 앉아 쉬어 가려니
걸터 앉을 의자가 없어 쉴 수가 없네
쌓아 놓은 돌들을 정리하다
근사한 돌의자 삼 남매를 골라내네
여기, 저기, 거기
돌의자 삼 남매
내 정원 쉼터 마다 놓여 있어
봄부터 가을까지 편하게 사용하고 있네

꽃이 핌을 알리는 바람

높새바람 수수밭을 흔들어 놓고 가면
하늬바람 서풍으로 와 거저먹고 간다네
북풍 설한풍 바람 매질이 북새바람 등을 밀고
꽃샘추위가 밀려 들고 있었네
남쪽에서 부는 남풍 잎을 틔우고 꽃이 핌을 알리는 바람!
화신풍 그래서 오는 봄이 좋더라
그 바람 불어와 꽃봉 터지는 소리에
여인으로 터지고 싶어 두근거리는 가슴 옆집 총각 네 탓이라
황소도 히쭉 웃고 가는 봄이 좋더라
꽃이 핌을 알리는 바람 때문에 앞뜰뒤뜰 동, 서로 텃밭
이산 저산에도 강 건너 앞산에도 꽃불이 난다
와도 봄바람! 가도 봄바람!
꽃이 핌을 알리는 바람! 화신, 화신풍 이 봄이 끝나기 전에
내 영혼을 데리고 다시 한번 온몸으로 부딪치고 싶어라

수석(자연석) 오석 간판석에 내 사업체
상호를 깊이 새겨 놓았네

돌모루

장평천 중간쯤에
높은 다리 옆
물이 모여서 돌아돌아 나갔다 하여
선조들께서 돌모루라 하였던가
이곳을 시가 익어가는 마을로
후세에 남기고 싶어
오늘 밤도 가로등 희미한
다리 난간을 더듬어 걸어보네
천년이 가도 변하지 않을 돌 위에 새겨
땅 위에 깊이 박아 놓고 내가 살다가는 "돌모루"
내가 살다가는 "돌모루" 돌모루에 밤은 깊어만 가네

표고버섯

내 정원 산책길 옆 나무 사이로
참나무 등치를 세워둘 공간이 있어
버섯의 생태도 관찰해 보고
신선한 먹거리도 취득해 볼양
참나무 40토막에 표고버섯
종균을 심어 세워 놓았네
그들의 살이 모습을 관찰하는
지난 세월 오년차의 모습이네
그 생물들이 살아가는 모습 위에 나의 삶이
든든해지고 있음을 깨닫고 있네
자연의 경치를 노래하는 서경시가 있다면
생물과 함께 살이 모습을 노래하는 생태시도 있다네

3부

연금술

구리 연 주석 등의 비금속으로부터
금 은 동의 귀금속의 제조 나아가서는
불로 장수약의 창제에 까지 이르는
원시적 화학 기술을 연금술이라 한다네
나는 젊은 시절 천안이 고향이라는
연덕을 친구로 연을 맺게 되고 그로 하여
그의 금광 옆에 금광석을 가루로 빻아 물에 씻어
용광로에 녹여 순도 99%의 금을 만드는 세륜시설을
만들어 보기도 했으나 그것의 과정이 불법 투성이라는 걸
인지하고 미련없이 던져 버렸던 과거가 있네
그 순간 연금술의 도사가 될뻔한 시인의 고백으로
연금술을 되뇌어 보네
내가 중간에 하던 사업이 부도가 나 폭 망한 것에 실망한
연덕은 광산을 정리하고 내 앞에 이천만 원의 돈다발을
풀어 놓고 친구는 제천에서 꼭 잃은 재산 도로 찾고 꼭 다시
성공할 거야. 나도 이제 내 고향 천안에 농지를 장만한 농장에 가서
쉬는 듯 좀 더 여유로울 것 같은 생활을 할 거야 그렇게 떠난

연덕을 생각하게 되는 그 연금술은 내 인생 진로에 많은 변화를 준 단어라네. 연금술! 연금술! 나 어려서 그것은 술이었어. 그전에 난 지독한 암치질로 고생하다 그 연금술로 깨끗이
고칠 수 있었거든 잊을 수 없는 연금술! 술 술 연금술!

가고 나면 아무것도 안 남는다

어느날 내 손전화에 얼핏 떠 있는 말귀
가고 나면 아무것도 안 남는다
그게 왜 나에게 화살받이가 되어
내 손전화에 떠 있는가?
자기 스스로 자기가 엄청 고 한 위치에
서 있는 듯 방자해 보이는 글을 손전화에
글로 남긴이의 의중에는 그래도 악의는 없어 보이는 저
다행이네 "가고 나면 아무것도 안 남는다"
그래 모든 것이 다 죽으면 떠나버리는 돌은
영원히 죽지 않고 변하지도 않고 그대로 있다
혜산 선생의 말씀이라네
문제는 그 돌이 어디에 왜 서있는가 그게 문제이네
가고 나면 그 후엔 그것도 알바 없네
뜬 구름 타고 앉아 내려다 보고 어느 누가 잘하고
못하는지 옥황상제의 말단 비서라도 되어 내려다 보고
있겠네 에헴!

돌들의 발란撥亂

인류의 문화 유산으로
전해 내려오는 건축 유산으로
우리는 웅장한 성벽, 웅장한 석포
종교 제단에서 볼 수 있는 석탑, 조각상
우리의 생활속에 전해 내려오는 방아공이,
맷돌, 절구, 돌고 도는 연자방아 돌고 돌고
물레방앗간
숫한 돌의 발란을 즐기고 살아왔다
그것도 대를 이어가며
오늘도 내일도 돌의 발란은 끝없이 이어지리라
거리 마다 깊은 산골길 까지
사람들은 표지석, 비석, 시비, 조각석, 간판석
석공예 작품들로 돌의 발란은 계속되고
인류는 지구를 떠날 준비를 늘 하고 산다
돌들의 발란은 예술인들의 혼으로하여
끝내는 지구를 마지막까지 지킬 것이다
우리들이 가고나면 돌들은
어지러운 이 세상을 평정하여 잘 다스릴 것이다

- 발란撥亂 : 어지러운 세상을 평정하여 잘 다스림
- 반란叛亂 : 반역하여 난리를 꾸민, 폭령 행동

청풍 강변의 북진 나루

   미루나무 가로수 비포장길 따라 북진 나루
   지금은 간데없이 시퍼런 호수 속에 잠겨있네
   장대같은 빗줄기로 강물은 불고 사공은 간데없던 날
   소리쳐 불러 나 그곳에 건네주고 떠나간 내 님 찾아
내가 왔소
   장대 같은 빗속으로 아스라이 사라져 간 그때 그 외침
   그 건너 내 님에게 나 데려다 주오 사공은 어데 갔소
   쏟아지는 빗줄기로 애련에 젖어드는 가슴엔
   아직도 메아리로 떠도는 아! 청풍 강변의 북진나루
   청풍 강변에 북진 나루~북진 나~루~~

피재골 망월望月이요

  정월 대보름날 망월이요 정월 대보름날 망월이요
  내 근심 꺼내 들고 달집 내려 훨훨 불사르고
  옥순봉에 걸린 달님 송학산에 걸린 달님
  집은 모두 불태우고 바알간 몸 차가운 하늘에 홀로 떠서
  서러워서 망월이네 우리는 모여서 미지의 세계를 묻네
  근심어린 눈으로, 정성 담긴 마음으로 님과 함께 그렇게
  떠 흐르노니 내 소원을 꺼내 들고
  차가운 밤 깊은 밤으로 가는 길목 두 손 모아
  님의 요람에 잠겨보지만 밤을 향해 부르는 노래는 아무려나 슬프구나
  정월 대보름날 망월이요 정월 대보름날 망월이요
  나는 빈 골골 피재골을 누비며 외치나니
  뒤돌아보고 뒤돌아보며 가던 님도 이제 와선 그리웁구나
  그 님의 앞길도 훤히 비추시겠지
  정월 대보름날 망월이요 정월 대보름날 망월이요 망월이요~

- 피재골 : 제천에 명산 용두산 속 제2의림지에서 명암으로 넘어가는 산골길.

청풍淸風에 부는 바람

무슨 인연으로 너 예서 만나 흘러간 추억
님의 모습 불러 모으나
떠나간 얼굴 님의 모습 불러
아름답던 지난날에 우리들 이야기 품에 안고
떠나간 님의 곁에 머물다간 바람은 돌아올 줄 모르고
산새소리 울어 울어 울음 싣고
산 넘어오는 바람 갈 곳 없어 내 품에 파고드네
떠나간 님들의 곁에 머물다간 바람
그리움 실어 님 찾아 떠난 바람, 바람
갈 곳 없어 내 품을 파고들던 바람
떠난 님 돌아올 줄 모르는 그 언덕 위엔
산새 울음 휘어 감고
강변에서 꿈 띄워 보내던 님 따라간 바람
그 님의 모습 흐르는 강물 위로 찾아보아도
호수에 물살 이루며 돌아올 줄 모르고 가네
청풍에 부는 바람, 바람
언덕에 서서 보는 옷자락 부여잡고
매어달리는 낯선 바람만 내 곁에서 찢어지게 울고 갈 뿐
가네, 가네 돌아볼 줄 모르고 가네
아! 청풍에 부는 바람, 바람, 바람~~

그리운 청풍 강

말문 열어보지 못한 사랑이! 사랑 때문에
내열로 승화된 이 가슴마디 속으로
백합꽃 향기를 피워대던 그렇게 정든 너의 품
네 눈물은 흘~러~흘~러 그 세월이 오붓이
살아 숨쉬는 그 품에 안겨 있어도 그리운 너
고향강 언덕엔
열매 없이 피고 지기만 하던 사랑 꽃
간데없이 청풍 강은 청풍 강은
호수가 되어 비 오는 날을 울고 있구나.
아! 정든 너의 품, 그리운 청풍 강.

의림지 쌀눈

용두산에서 발원하여 흘러내리는 물줄기는 태초에도 그러하였으리.
의림지라는 이름을 얻기 전 그 많은 갈대숲 우거진 갯벌에서 쌀눈은 숨어서 싹트고 있었을 거야.
서서히 군락을 이루며 흘러간 천년 그 뒤 또 천년 세월
울림 선생님 우륵의 가야금 소리 들으며 영글어 그 맛은 더
향기로워졌으리. "의림지" 원들, 뒷들, 앞들 용두산 산품에 안겨 잠들은 깊은 밤
용추폭포의 물길도 환히 열렸겠지. 신털이 산 옆 수문지기 헛간에
매달린 쟁기, 쓰레, 호미, 낫 지겟다리를 하고 서 있는 어미 소의 워낭소리
그때도 조용히 울리고 있었을 거야. 의림지 쌀눈은 원들, 뒷들, 앞들로
물 위에 떠 밤, 낮 없이 자라고, 번성하였지.
의림지 쌀눈은 선조들과 늘 마주보며 살아 트랙터 소리 요란한 오늘
너와 나의 밥상 위에서 우리와 함께 마주 보고 있는 거야.

쌀밥! 쌀밥! 하얀 의림지 쌀밥! 감사하며 수저를 들어 보~네.

의림지 산책

 우륵대 자락에 앉아 호수에 얼굴 비추어본다
 우륵의 가야금 소리가 물속에서 살아 던져놓은 전설
 그물을 당기고 있노라니 찰랑이는 호수에
 먼빛으로 거꾸로 서있는 물속의 소나무 역사에 금을 그어 놓은 듯
 거꾸로 달리는 필름 속에서나 있을 1500년 전설의 용궁을 헤엄치게 한다.
 물속의 넉넉한 옛날이 비추이는 그늘 그 속에 환상의 나래를 편다.
 낙조가 물들이는 호수의 찬란함과 찰랑이는 물결 밑으로
 흐르는 구름은 더없이 아름다워 그 속에 가라앉은 구름 위 영혼 인냥
 폭포를 향해 정자를 향해 우리들~은 천년 송 사이를 가르고 있다~~

청풍호수의 낙조

잔잔한 청풍호수 위로 낙조 한아름
아름다워라! ~ 아름다워라! ~ 아름다워라! ~
서산에 앉은 석양이 호수위로 비추인 빛이
잉태한 새 일만 의~ 일만 의 공작새가 나래를 편다~
편다. 아름다워라! ~ 아름다워라! ~
나래를 접는 소리 여울소리 조용히 쓰러진다
청풍호수의 낙조 황홀한 빛에 머물다
잠들어간다. 우~우~우~우~우~ 우~우~우~
청풍 호수 옆 만남의 광~장~에~서~~

송학산-노을

아이들은 동해로 갔다
출렁이는 바다 넘어
치솟는 해를 가슴에 담고
미국으로 캐나다로 서울로 훨훨 떠나겠다고
치솟는 해를 가슴에 담으러 갔다

아침에 떠나는 아이들을 보고
우리는 해질 무렵 송학산에 올랐다

발 아래 전개되는
꿈의 도시 제천을 내려다보며
환상으로 떠오르는 저 공원에
퍼져가는 노을을 본다

인파가 광장을 끼고 있는
환상의 공원으로 모여들기 시작한다
공원은 대단했다

꿈의 도시에 생긴
세계 제일의 공원이라 할 수 있을만하다

천진난만한 아이들을 조각하여 한데 어우러져
넘쳐나는 분수대에서 물의 신에게 소원을 비는
젊은 연인들의 꿈이 있는 곳

이 시간이면 가장 성황을 이루는
패션의 광장에서 천사들이 둘러 싼 앞에
하늘로 비상하려는 날개 옷을 입고
공간을 주름잡는 선녀들의 패션쇼는
가히, 이 환상의 공원에서만 볼 수 있는
꿈의 도시의 광경이다

먹거리 장터로 유인하려는 듯
불야성이 이루어지기 시작할 때까지
우리는 송학산에서 발아래
사라져버린 노을을 더듬으며
돌아올 줄 모르는 아이들을 기다리고 있었다

국사봉 낚시터 입체화

멀리 구곡, 그 넘어 봉양읍
눈안개 시리게 덮여
아련하다
손에 잡힐 듯 봉긋한 국사봉을 등지고 앉아
산허리를 맴돌고 있는
운해속에서 꾼들이 낚시를 담구고 있는
호수를 굽어보며 마당에 황덕불 피운다
송어, 산천어를 석쇠에 굽고 있다
세월을 낚는 대는 관심이 없네.
30센티가 넘는
월척을 낚아 올리는 대도 관심은 없네
분주하게 싸다니다 추위를 녹이려
황덕불 앞에 쪼그리고 앉는 아이를 부르네
애야! 소금 좀 가져오렴.
황덕불에 탁탁 튀는 소금
탁탁 튀는 소금에 흥미를 갖는 듯 하는 아이…
황덕불가로 한둘씩 사람들이 모여 든다
소주잔이 오가는 선술집이 되어가고 있다네
아이는 물고기가 낚시대를 끌고 간다며
뛰어 내려가 국사봉 낚시터에
자리를 잡고 앉는다.

천둥산 박달재

흐르는 세월이 굽이쳐도
변함없는 산세
구비 구비 돌아
천둥산 박달재
옛이야기 등짐에 지고
도토리묵집에 앉아
먼 먼 그 골 저 골짜기
시름을 달래 주던
울고 넘는 박달재
천둥산 박달재

제비랑 산성 가는 길

제비랑 산성을 정복하기 위해
동네 아주머니들을 불러모았다
낙엽은 한숨 잠들어
꿈속에서 칭얼거리고
산성 돌 틈새로 이끼 낀 긴긴 세월만큼
잊고 살았던 소리들은 옥 같은
돌아온 메아리들

나목은 이제 막 옷을 벗었는데
우리는 건강을 칭얼거리며
제비랑 산성 가는 길 위에 서 본다.

발목을 덮는 떡갈나무잎과
솔잎 위로 그렇게 뒹굴며
하늘을 원없이 우러러
긴 호흡을 하노라면 시공時空은
생명의 영원함을 만날 듯

젖무덤 같은 산봉우리에 우뚝 선
앞서 간 이들의 이마엔 모락모락
봉화가 피어오르고
세월만큼 잊고 살았던 소리들은
옥 같은
돌아온 메아리들

나는 기다림을 밟고 산을 간다

느티나무 묵직한 단풍이
여울처럼 밀려오는
가을 바람 따라 흐느낄 때
나는 그리움 접어 허리에 끼고 간다

여울처럼 밀려드는
산바람에 한잎 두잎
은행잎 떨어져 쌓이면 산사로 오르는 길
나는 기다림을 밟고 산을 간다

가을 하늘에 매어 달린 빨간 사과의 실체는
내 허리에 낀 그리움,
내 밟고 가는 낙엽 진 솔잎은
기다리다 지친 앙상한 상처들
마지막 정으로 그 앞 어루만져
참나무 잉걸불 알 속 앞에서 꿈으로 간다

바람아 바람아 속절없이 흐느껴
빈 골골을 타고 내려 긴 피재로 가는 길에
덧없는 마음 붙들어 깊은 사색으로 안게 하고
나뭇잎을 불 타오르면
그로서 내 가을은 피재에서 울고 있다

       • 피재 : 제천 의림지 뒤 용두산 자락의 산골짜기를
         따라 넘는 작은 고개 이름

용두산 정상

용두산 정상에 앉았다
비행기가 높이 떠 원주 쪽으로 가는지
치악산 상공을 나르고 있다
하늘 위 흰 구름이 벗하자며 흘러간다
용두산 정상에 앉았다
하얀 성냥곽 보다 작은 점들이
보이는 도시엔 자동차는커녕
사람도 하나도 안 보이는 망망대해 같다
제천은 어데 갔을까? 용두산 정상에 앉았다
산 위는 점점 조용해지고 나 혼자 있네
먹다 버리고 간 물병, 빈 소주병도 있네
바람에 날리는 휴지조각, 빈 가방에 주워 담고
나 혼자 있네
용두산 정상에 앉았다. 오래 앉았다 보니
정상이란 자리가 그리 좋은 것만은 아니구나
내려갈 일이 아득한 정상에서 사색에 잠겨본다
그 흔한 케이블카 몇 번을 설치한다. 안 한다
이제는 또 백지가 된 세월의 용두산 정상!

새벽, 산 품

산에 사는 산바람은
신선한 소리가 있다.
심술이 나면 소나무도 울리고
참나무도 울리고 박달나무도 다친다
산에서
뛰는 토끼, 다람쥐의 털빛이
유난히 고은 뜻은
솟아오르는 샘물마다 모두
육각수!
나무 밑에 잠시 쉬노라니
내 주위가 모두다 육묘장
발 디딜 틈도 없어라
운해에 몸 두르고 서 있는 나
내 생명까지도 아련히
신비에 젖어본다
먼동이 떠오른다
산과 저 멀리 들
그리고 내 머리 위로
해는 솟구친다.

청산에 비 내리네

청산에는 바람만 있는 줄 알았다네
청산에는 맑은 하늘만 있는 줄 알았다네
유리알 같이 맑은 물만 웃으며
흐르는 줄 알았다네
나무들의 울음소리 듣고
고독의 숨소리 안으로 삭이며
흐느끼는 것을 보았다네
눈물 되어 흐르네
청산에 비 내리네
수런 수런 수런
우리도 아픔 있어 크지요
고독 했었기에 땅 한번 쳐다보고 하늘 한번 쳐다보며
오네, 오네 청산에 비 내리네
가랑비, 궂은비 하루 종일 주룩 주룩
산이 먹고, 나무는 크고,
바위 밑엔 옷 젖은 풀벌레 한 마리
고독의 숨소리 안으로 삭이며
흐느끼는 것을 보았다네
눈물에 젖어 떨고 있네
청산에 비 내리네

햇살이 따스한 좋은 봄날에

오늘은 햇살이 따스한 좋은 봄날입니다.
창문을 여니 바람이 상큼합니다.
큰 기지개를 펴고 심호흡을 해 봅니다.
봄의 소리가 들리는 봄 뜰을 걸어봅니다.
산수유 노오란 꽃술이 작은 입을 벌리려 합니다.
모란은 꽃순 인 듯 새순을 내밀어 봅니다.
매화 꽃망울이 어느새 콩알만큼 컸습니다.
들로 산으로 파릇파릇 생동하는 봄의 소리
바람결에 생생하게 다가옵니다.
주목나무 밑 그늘에 자리 잡은 울릉도 지팡이 나물
독도가 그리워선지 웃자라 있고
봄바람이 옷깃을 잡는 장평천가로 버들강아지는
실눈을 살며시 뜨고 있는데 낚시를 담근 아저씨들
자리를 잡기 시작했습니다.
햇살이 따스한 좋은 봄날에
밭둑에서 보는 저 산 넘어가는 구름이
너무 아름답습니다.
어디쯤에선가 기다리고 있을 당신에게 보내옵니다.

옛 산골에 다시 오니

옛 산골에 다시 오니
모두가 떠난
정막 강산
툇마루
한쪽 귀퉁이에
까맣게 쪼그라든
옥수수 통이
목매달고 죽어 있네
장가 못가고 죽어간 이
누구냐고 묻는 것은 아니지만
땅심을 받았으면
올챙이 묵이 알배어
쏟아져 나옴 직한
옥수수 씨를
시렁에 목매달고 간 이는
누구인가
옥수수가 심어졌을
지난날 비탈밭

메밀꽃 흐드러지던 문전옥답 풀밭으로
메아리만 돌아올 뿐
청산에 이룬 물결이
그 사연을 대답해 줄리 없네

거울 앞에 앉아서

미용실에 들어갔다
뒤켠 의자에 자리를 잡고 앉았다
앞 대형 거울에 머리털이 길게 자라고
얼굴에는 턱 수염 자리가 시커먼
거무 티티하게 그을은
늙은이가 나를 빤히 바라보고 앉아있다
나는 뚫어져라 그 몰골을 더듬어 본다
거울 앞에 앉아서 새삼 나를 내가
관찰해 보고 있는 것이 이리 생소할 수 있는가?
옆자리에 내 아내가 눈이 마주치니
싱긋 웃는다
우리 나이 81세가 되는 8월 00일
어느 미용실 거울 앞에 앉아서
낯선 여인들이 힐끔힐끔 보나 마나
내가 나를 만나 어설프게 더듬어 보고 있다
거울 앞에 앉아서

4부

산에서

떡갈나무는 누더기 옷을 입었고
참나무 잎은 작업중인 군인의 옷만 같네

소나무는 철갑을 두르고
단풍나무는 색동 옷 입은 듯,
산에 산에 피었네

가까이 가보니 모두 다 낙엽송이다.
골은 깊고 길은 험하기만 한데
나지막한 풍경 소리
절집에 깊이 피었네.

목탁소리는 산 품에서 맴돌고
시원한 바람으로 목 축이니
산 그림자는 황혼에 젖었네

구름은 연인의 젖무덤 같은
봉우리 위에 피고
점점이 꼭지 위에
가을은 익었네.

어스름 달밤의 풀벌레소리
부엉이도 별빛 속에
깊이 울고 있었다.

산에서 2

솔솔 부는 바람에
풍경 소리가 살아난다
별 하나의 상념은
고교한 산사의 뜰악으로
조각 달을 타고 내려 앉는다.
어머니 오실제 웃고 오시더니
어머니 가실제 말없이 떠나신 밤,
작은 보따리는 왜 손에 드셨나요?
어머니는
나그네 설움을 보지도 못하셨나요?
누가 어머니에게 설움을 준다고
날라리 담보 짐에 걱정 보따리 어깨에 메고
또 할미꽃 할미 되시려는 가요?
팔아도 팔아도 팔아 먹을게 없이 되면
나그네 설움도
내집 되시나요?

용돈이나 두둑히 넣으시고
산사의 뜰악에 내려앉은
조각달 배 타시고 떠나시는 어머니,
부디 건강 하십시오
나무관세음보살

- (1997, 98년 IMF 시대에 금모으기 등 국민운동을 보며 어머니(조국)에 느끼는 심정을 노래함)

산에서 3
– 가막산에서

고추잠자리
떼 지어 쏟아져 나와
공터를 맴도는 그때쯤

그는 할딱 고개를 넘어
등선을 걷고 있다
가막산 정상

정상에 우뚝선
그의 눈! 사랑의 술잔되어
다가오는 유년의 빛깔

제천 시가지의 황혼
그의 품에 안겨오는 작은 도시의
그 골목길들

어깨에 멘 빈 가방
정년 퇴직한
그의 건강 주머니엔 소주 한 병은 있다.

정상의 시간을 몰고 가는
바람소리
소나무 쓸어안는 소리

- 가막산 : 제천시 봉양읍 명암리에 위치한 산(해발 945m)

산에서 4

태양의 불길로 쪄내는
수풀 익는 향기를 먹고
산밤이 익어가네

어느 집 조상님을 모신
무덤 옆으로 삼림욕을 즐기는
백발이 성성한 아담의 자손이 있었네

쭈굴 쭈굴한 피부이나
그 살점을 보고 말벌이 빙빙 도네
훠이 훠이

떼구르르
수풀 익는 향기를 먹고
산밤이 알밤 되어 시끄럽다 떨어지네

히히! 알밤 봤다.
히히! 알밤 봤다.
히히! 알밤 봤다.

산에서 5
– 아픈 몸

낙엽 쌓여 썩은 부엽토
간데없이 사라지고
벌거숭이로 드러나는
오솔길
살점이 찢겨
드러눕습니다.

나는
도시에서 밀려드는
완전 무장한 군중의 발굽에
쓰러졌습니다.
명상의 시간
외치며 기어갑니다.

쫓는 자와
쫓기는 자
산이 아파옵니다.
치마폭에 가리운
산이 아파옵니다.

산에서 6 (잣나무 골 가던 길)

오솔길은
잣나무 골 가던 길
소솔 바람 타고
더덕 향기 실려오네

눈 녹은 골짜기
양지쪽엔 할미 꽃 식구
그 옆엔 더덕 동네
할아버지 더덕, 움푹 골 패여
노란 물 한홉 고여 있네

엎드려
노란 물 한홉
더덕 물에 취해 잠든,
오솔길은
잣나무 골 가던 길

오솔길 따라
산을 내려오던 소솔바람이
맴돌다 쉬어가던 더덕 동네,
그 향기에 취해 아지랑이 피어오르고
아지랑이 회오리에 맴돌며
잣나무 골 가던 길.

산에서 7

내 앞에 좌선한 지는
불과 오십년이지만 억년을 살은 너
아침에 일어나 보니 백호로 밀은
비구니의 머리같이
숲은 모두 깎이었더라.

포크레인이 움직일 때마다
너의 살은 찢기어 내려앉고
드디어 억년의 좌선은 흔적 없이 사라져
개발된 평지에
슬픈 침묵이 계속될 뿐이구나.

산에서 8
– 도토리 한 되

박달재 중턱
야생 꿀 참나무
입
헤~

명암 골짜기
친구 찾아
망태기 속에서
떼굴 떼굴

다람쥐
청설모
약삭 빨리 움직이고

세상 빛
여섯달
청노루

소주 한잔
캬~
깡충

박달재 중턱
망태기 속에서
도토리 한 되 떼굴떼굴

아버지 산소

산이 그리워 산이 그리워
산길을 간다.
산이 그리워 산이 그리워
의림지 솔밭 길을 지나
오늘도 산길을 간다.
오늘도 내일도 산이 그리워
산이 그리워 오솔길 따라 산길을 간다.
마을을 지나 또 한 마을 지나
산길을 따라 보름달 뜨는 밤
달을 쫓아 달을 쫓아
산이 그리워 산이 그리워 달밤에 간다.
산허리 마지막 집안으로 달이 들어가 앉는다.

풍년 잔소리

뻐꾸기가 울면은
들깨 모 판을 만들어요
하지가 되면 감자를 캐고
초복이 될 무렵 들깨 모를
본밭에 정식해요
옥수수수염이 올라올 때 마지막
웃거름 주듯
그 토마토 알을 굵게 하려면
웃거름 주세요
가뭄이 심하면 지하수를 끌어 올려 대지를 적시세요
그늘이 무성한 정원 속에 참나무
토막을 세우고 표고버섯 종균을 심어요
더 으슥한 정원 속에는 삼양삼씨를
뿌리고 울릉도 지팽이 나물이 그늘에서
잘 큰대요. 콩 순을 질렀으면, 깨순 따세요
그래야 가지벌이를 해요
내 정원 속에서 내가 잠들어 있을 때에도
몸에 좋은 산 야초 으슥 으슥 크는 풍년 잔소리
꿈속에서도 들리네요

여름이 불타고 있다

여름이 불타고 있었다. 여름이 비 속을 헤매고도 있다.
제초제를 등에 지고 밭골에 제초제를 치는 농부
예초기를 등에 지고 요란하게 풀을 깎는 농부
하루 종일 호미 들고 밭골을 타고 앉은 등 굽은 할머니
그리고 어머니! 어머니들
비닐 농법이다. 온 밭을 비닐로 덮어놓은 밭조차
흙이 보이는 빈틈에는 어김없이 잡초가 자란다
촌부며 그의 식솔들 그 풀을 그냥 둘 수가 없다
한 여름이 깊어 갈수록 농촌은 전쟁 중이다
가을을 향해가는 농촌은 작물보다 앞서 가려는
잡초와의 한판 전쟁 중이다. 농촌은 전쟁 중
여름이 불타고 있다 그곳엔 진정 여름이 불타고 있다
대학생 농촌 계몽 운동 지나 농촌 봉사 활동 그것은
옛이야기
2024 저 목장에 아 목동 목장주는 낭만을 노래하지만
나무그늘 하나 없는 빈 밭들 지난여름 20여 명이나 죽어갔다
농촌의 여름은 불타고 있을 뿐이다 뿐이다

아버지의 18번 2

아버지가 할 일 없이 쓸쓸 하실재
안채 뒤뜰 문을 열고
뒷 동산서 까맣게 늘어선 참나무 위에서
도토리가 툭~툭 떨어지는
수확의 가을노래가 나지막이 번져났었다
청산~리 벽개수야~~ 두당당 두당당다
수위감을 자랑마라 두당당 두당당다
그것은 시조를 읊는게 아니고 우리가
말하는 박자를 맞추는 지금의 시 노래 또는 스님의 염불소리
그 노래 이상의 멋이 있었다
8/16박자의 맛 느그내들이 그 느림의 맛
그 맛을 아느냐?
두당당 두당당다 그 느림의 장구맛
휘휘 도는 도포의 긴 소매가 휘젓는
바람소리--- 느그들이 그 맛을 아느냐
왜 이리 빨리만 가려고들 발버둥 치느냐
긴 담배대로 툇마루 두드리는 소리 두당당다 두당당다~~~
아버지의 18번 2

밤나무 아래로

아내는 제철인 복숭아나무 아래로 가면서
왜 나보곤 밤나무 밑으로 가 있으라고 하는 가
아직 덜 자란 애기 밤송이 가끔
힘들어 못 버티겠다고 산들바람도 못 견디며
툭 떨어지는 밤나무 아래로
그래도 밤나무 아래가 가장 시원하다며
복숭아 따 가지고 물 가지고 갈 테니
밤나무 아래로 가 기다리라고 한다
밤나무속에선 매미가 노래를 부르기 시작하였다
밤나무가 커서
햇빛을 가리니 부는 바람 한결 시원하다

희망

그대여
삶이 아무리 속절없이 힘들어 가도
우리는 실망하지 말자
희망을 마음속에 간직한다는 건
삶의 앞날에 등불을 밝히는 것
희망을 갖겠다는 마음 가짐 하나가
그대의 삶의 등불 되리니
늘 간직하며 살으리. 희망
희망. 희망! 을 간직하며
앞날을 열심히 설계하며 나가보세
그대여

춤의 바다

뜨거운 뙤약볕 등에 지고
고구마를 캐고 있었네
지나가는 비인가
콩알만 한 빗방울이 후둑 후둑 또 떨어지네
허리를 펴고 일어나 보았네
옆 골에 심어놓은 장다리가 된 들깨밭
하얀 꽃망울이 바다를 이룬 위에도
콩알만 한 빗방울은 후둑 후둑 떨어지고 있는데
노랑나비, 흰나비, 삼삼오오 엉키어
오르락내리락 춤을 추고, 고추잠자리 어우러져
들깨꽃 위에서 곡예비행 즐기고 있는데
간간이 벌들이 날아 꽃망울을 한가롭게 찾고 있네
콩알만 한 빗방울 후둑 후둑 떨어지는데
들깨밭 하얀 들깨꽃 위엔 나비, 고추잠자리, 벌의
춤의 바다를 바라보았네

하나의 행복

너의 뜻과 나의 뜻이 하나갈 될 때
우리는 행복했다
너의 몸과 나의 몸이 하나 일 때
그때가 가장 행복했다
둘이 아니고 셋이 아닐 때
하나의 행복 속에 평화는 피어나더라
여러 아이를 기르면서
느끼는 하나의 행복에 대하여

사색가思索家

사물의 이치를 파고들어
깊이 생각하는 자
그 사색을 통해
참된 이치와 참된 도리를
탐구하는 자
그의 이름은 진정한 시인!
사색가!

80대의 찻잔

젊은 시절엔 언제부턴가
즐겨 마시던 커피 커피 커피
80대에 들어서면서 변해가는 찻잔을 본다
요즈음 즐겨 마시는 차는
여름에는 미수차 겨울에는 마차
그리고 간간이 시원한 우유
또는 뜨끈한 우유, 인삼차, 한방차
백세를 살까? 땀을 닦으며
흘러가는 하늘의 흰구름을 바라보네

나는 못 가네

그대 두고 나는 못가네 사랑했다는 말 못 하고
그리워했다는 말도 못 하고 그대 두고 나는 못 가네
당신 두고 나는 못 가네 서러웠다는 말 못 하고
보고 싶었다는 말도 못 하고 그대 두고 나는 못 가네
못 가네 못~가네 나 정녕 그대 두고 못 가네
나 정녕 그대 두고 못 가네 그대 두고는 나는 못 가네

묘비명

국가 유공자의 묘
(보훈부 제93-280254호)
시인, 수필가, 작사가의 묘

제천 소나무 박광옥 여기 잠들다.

시인의 한수

2020. 1. 17. 연지양

족보

 2024년 지는 해 한해를 보내며 묶은 책이 꽂혀 있는 책상 앞에서 서성이다 족보가 꽂혀 있는 자리에 멈추게 되었다. 아주 오랜만에 한지에 붓글씨로 써 놓은 팔십년 넘어갈 첫 권을 빼 들었다.

 박혁거세 65대손 밀양 박씨 청자궁파 16대손 이름 박성훈朴聖勳 족보위의 내 이름이다.

 박광옥의 이름은 초등학교 졸업하며 어른들이 작명가에게 맡겨 내 사주에 맞는 광옥珖玉이라 개명한 것을 지금껏 사용하고 있어 집안 모임에 가면 성훈(승훈)이가 왔어, 광옥이가 왔어? 농담을 받고 실없이 웃고 서 있기가 실상이었다.

 선산에 가면 5대조부터 제천땅 이 흙에 묻혀 계실 고향땅 내가 제천을 고향으로 이 땅에서 태어난 동기는 16대 할아버지가 왕명을 받들고 중국 사신으로 갔다 돌아오시는 길에 단종대왕이 유배되어 영월로 가셨다는 파발을 받고 관복을 벗어 임금께 올리고 그 영월땅을 찾아오시다 충주에서 돌아가시여 그 자손들이 충주·제천·영월에 많이 모여 살게 된 후 청자궁 할아버지 손중의 한 사람으로 나는 제천을 지켜가고 있는 중이다.

 박광옥의 이름을 걸고 이 땅에 영원한 제천소나무 박

광옥 이름으로 남고 싶다. 애지중지 만들어 다듬어온 내 분신 같은 내가 지은 책 14권과 함께 남아 이 제천이 내 이야기와 함께 무궁한 발전 있기를 두루두루 돌아보며 지내고 싶구나. 내가 죽어서도, 시집 9집을 마감하며.

> 2025년 8월
> 제천소나무 박광옥

제천시 문학관 건립과 도시 재생 사업

　동양일보 2025년 3월 20일자 목요일에 "제천시 도심 공동화 해소 옛 세무서 자리 매입 추진이라는 기사를 보고 먼저 시장님을 비롯 시의회 의장님에게 시민의 한 사람으로 감사의 인사를 드립니다. 공교롭게도 본인이 구 세무서 자리의 공동화 현상에 대하여 그곳에 한국문인협회 제천지회가 관리를 전담할 수 있는 제천시 문학관 건립을 하면 제천시가 현재 추구하는 슬럼지구에 도시 재생사업에 큰 도움이 될 것입니다. 지역사회 전반에 보급의 폭이 넓어 질 것이라 생각하던 한국문인협회 제천지회 27년차 회원 생활을 겪으며 꿈꾸어온 사업에 대하여 지난 2024년부터 실무 계획에 들어가 금년초 지역 국회의원 엄태영 의원에게 다음과 같은 내용의 우편물을 발송하고 그 회답을 기다리고 있는 중입니다.

　의원님께서, 제천시 문학관 건립을 위한 국회의원 특별 교부금 한 20억 정도를 확보할 수 있으면 제천시에도 예산 확보에 다소 도움이 되지 않겠습니까. 시장님이 시의장님과 엄태영 국회의원님께 한자리를 하여 이문제를 심도 있게 다루어 시장님과 시의장님이 바라는 슬럼지구 화산동 일대에 도시재상사업의 활성화에 보탬이 되고자 합니다. 고령의 나이가 된 내가 머물고 있는 사회단체 한국문인협회 제천지회의 젊은 회원들이 지역 사회 내 인문 교육의 저변확대를 위한 밀알이 되겠다는 열정을 펴 나갈 수 있게 일자리를 든든하게 만들어 주십사 간청을 드립니다.

2025년 4월
시인, 수필가, 작사가 제천소나무 박광옥

제천시 문학관 건립과 도시재생 사업. 보탬1.

 나는 1998년 문학세계에서 시인으로 수필가로 등단하여 첫 시집 『제천소나무』를 이듬해인 1999년 1월에 도서 출판 천우에서 첫 출간을 하며, 문학세계 문우들과 제천문인협회 회원 그리고 많은 지인들의 축복을 받으며 시인으로 수필가로, 문학인으로 출발하게 되었다.
 그로부터 만 27년의 세월이 흐른 2025년, 발간할 9시집 『가고 나면 아무것도 안 남는다. 돌들의 발란』을 편집하면서 내가 그동안 몸담고 고향에 대한 시들을 노래하며 고향의 생태, 생활 또는 사회구성원으로 단체생활의 도덕성 실천에 도움이 되는 시 정신 내지는 나름의 문학 정신으로의 구현하기에 이르렀습니다.
 숨은 노력을 결실해 낼 수 있는 일에 대하여 '제천문인협회'이 조그만 단체와 그 회원의 힘을 모아 제천에 큰 힘을 보태 함께 성장해 갈 수 있는 일이 무엇이 있을까 궁리해 오다가 '제천시 문학관'을 건립해야겠다는 생각을 면밀히 검토하기 시작하게 되었다.
 말이 쉽지, 건평 600~800평의 대 건물이 필요한 대사업이 호락호락한 사업은 아니지 않은가?
 그러나 제천시에는 지금 꼭 필요한 각 분야에 활력소가 될 사업이 된다는 확신을 갖게도 되고 내 나이 고령에 접어들어 더 미룰 수도 없게 된 것 같아서였다.

  제천시 문학관의 태동은 인생이 세상에 태어나기까지는 모체에서 절실한 산고를 겪어야 드디어 세상에 아기가 나와 큰 울음을 터트릴 수 있듯 (사)한국문인협회 제천지부, 제천문인협회가 그 산고를 지금부터 겪으며 '제천시 문학관'을 잉태해야 하기에, 이 글을 쓰게 되었고 그래서 이 글은 문학관 건축물의 설계서 초안이자 건물의 관리 운영의 기초 자료가 될 수도 있을 것이다.

  지금 문인협회 회원은 대략 50여명 안팎의 회원이 활동하고 있는 것으로 제천은 이 인적 자원을 기반으로 인문교육의 사회 발전의 기여에 찬란한 빛을 발휘할 수 있다는 것을 증명하게 될 것이다.

  먼저 지난 80여년 긴긴세월 인구가 늘지 않고 정체되며 여기까지 오면서 낙후된 도시 슬럼지구들을 정화, 도시재생사업에 몰두하고 있는 현 김창규 제천시장에게 시민의 한 사람으로 감사하다는 인사를 드리며 지금 슬럼지구로 남아 있는 화산동 구 세무서 빈 건물을 증·개축하여 제천시 문학관으로 지정하여 이 지역을 체육, 학술, 문학, 교육 예술의 공연 구역으로 도시재생사업에 합류시켜 개발해달라는 공개 청원서를 이 문건으로 대신하고자 한다.

  문학관에 대하여 처음 내가 인지하게 된 것은 2004년경 오탁번 교수가 퇴직하고 고향에 내려왔다 모교였던 백운초등학교 애련분교를 구입하여 그곳을 원서헌이라

간판을 걸고 문학관을 운영하려고 무진고생을 하였다.

뒤늦게 개인이 사비로 문학관을 운영하기란 어럽 반 푼어치도 없는 일이라는 것을 깨달았을 때는 문학진흥법이 새로 생겨 정식으로 등록하여 그 등록 여건에 맞추어 시설건축하여야 운영비를 행정부로부터 보조받을 수 있다하여 두손 들고 있다고 하였었다. 탁번이 늙은 나이에 고향에 내려와 근 20여 년을 고된 고생을 하다가 꿈을 이루지 못하고 애석하게 황천 간지도 2~3년이 흘러 간 지금 나는 지금껏 무엇을 하고 있었는가?

스스로를 채찍질하며 제천시 문학관 건립의 완성으로 문학관이 낙후된 도시 슬럼지구에 들어서 그 지역을 체육, 학술, 문학, 교육 예술의 공연 구역으로 도시재생사업에 견인차 적 역할을 일부 담당할 수 있다는 확신을 확인하며 그 설계 수순을 그림 그려 보기로 하겠다.

제천문학관(구 세무서 건물을 인수 증·개축할 안)

1층

- 제천 문학에 족적을 남긴 오탁번 교수를 선두로 한 제천 출신 원로 문인들과 그 작품집 제천문학지 전시관, 관람실
- 한국문인협회 제천지회 사무실, 회장실(건물관리, 전시실관리, 교육, 경리, 행사, 회원관리주사무실)
- 도서 창고(미니)

2층
- 강의실 – 시창작과, 시낭송과, 시조창작과, 시낭송 지도자 과정, 동화구연과, 수필창작과, 소설창작과, 소회의실, 청소도구 등 관리소품창고 (각 분과 강사들은 현 문협 회원중 여건이 되는 회원이 각 분과별 강사자격증 확보有要)

3층
- 독서실 – 대학 재수생 다양한 전 시민 사용할 수 있는 도서관 개장, 관리
- 도서 창고
- 지하실 – 백운 초등학교 애련분교에 있는 오탁번 문학관은 교정을 들어가면 건물 앞에 오탁번 교수의 어머님이 서 계신다. 그 옆으로 교실 복도로 들어가는 문이 있다. 복도로 들어가면 1교실, 2교실, 3교실이 있는데 그 1교실은 오탁번 교수가 문학관을 총관장하는 관장실이다. 이곳에서 퇴임한 오 교수의 말년 20년을 수도하듯 고향에 오탁번 문학의 씨를 뿌리겠다고 수도승 같은 세월을 보냈다.

  그 덕에 백운면 일대에 4~50대 신인 등단 작가가 많이 숨어 있다. 한둘씩 곧 제천문인협회에 가입되리라 본다. 하여 제천문학

관이 성사되면 그 지하실에 들어가는 입구 앞에 오탁번 교수 모친상을 세워주고, 원서헌 관장실이었던 제 1교실을 그대로 복원한다면 후세에 오탁번 교수의 뜻을 전하는 값진 일이 될 것 같다.

그 외 대형 무대 필요한 행사 시 가깝게 있는 문화회관과 예술의전당 문화원 전시실 활용

야회 활동 본거지 : 의림지 박물관과 그 주변 특히 폭포 옆으로 시화전 행사 확대로 의림지 문화의 거리 조성에 관광객을 유도하고 함께 문학을 향유할 수 있는 문화의 거리 조성에 앞장서 제천시 도시재생사업에 빈공간들에 활력을 불러 피재골까지 치고 올라갔z으면 좋겠다.

또한 솔밭공원 입구 조각공원을 시와 협의, 조각 석물은 그대로 유지하고 간판을 시민의 공원으로 하고 필요한 소형무대, 이동식 의자, 마이크 시설 등 시낭송분과에서 행할 수 있는 야외 시낭송대회, 시극 등을 세명대와 관광객들과 어우러지는 프로그램을 연출. 박물관을 기점으로 이루어지는 제천시 문화의 거리 창출에 선각 단체로 보폭을 넓힐 지원도 필요하다.

설계

건축물 설계는 문학진흥법이 규정한 냉온습 설치등

문학관 설치 등록에 규정된 요건에 맞추어 설계를 해 담당 행정부와 교육청등과 협의하여 등록 신청해야 문학관 운영비 전반을 보조 받을 수 있게 된다고 한다.

문인협회가 협회원 50여명의 기존 회원으로 출발하여 회원 150~250명 이상의 회원으로 쉽게 성장, 많이 낙후되었던 제천 사회의 인문교육이 제천시 사회 발전에 기여할 수 있는 기회를 얻고자 이글을 남깁니다.

이상의 과정이 다 마무리되면 선진지 문학기행 프로그램을 작성 사)한국문인협회를 통한 전국지부들의 제천시 문화의거리 탐방 관광코스로 대거 유인하겠다는 투자의지가 간곡히 필요하다.

제천소나무 박광옥

엄태영 국회의원님께

면담내용 : 이 우편물로 대신합니다.

제천시 문학관 건립을 위한 국회의원 특별교부금 예산 확보의 건 의뢰.
2025년 하반기 예산 확보를 건의함.
국회의원 엄태영 후원 회원
충청북도 제천시 세거리로 71(신동)
박광옥(010-5469-2520)

결과를 문자로 주셔도 좋음
가부간 연락을 주면 감사하겠습니다.

국회의원 엄태영 귀하

2025년을 보내며, 산지개발2

산지 개발에 대하여는 2011년 4월 5일 발행한 미래를 여는 글 수필집에서 발표한 일이 있습니다. 그러니까 15년 전의 일이 되었습니다.

그동안 사회 전반의 모든 환경은 많이 변해 있습니다.

하여 현실에 맞는 산지개발2가 요구되고 있는 것이 내 고향 제천시의 현실이 되어 있습니다. 때 맞추어 현실에 꼭 필요한 산지 개발 계획에 대하여 신경을 써야 할 것 같아 몇 며칠 궁리를 하다 결국 펜을 들었습니다.

지방 산업 발전상 일차 개발에 농공단지를 거쳐 이차 개발에 도산업단지 개발이 진행중에 있습니다. 제천은 인구가 계속 줄어들고 있는 현상을 극복하기에 분분합니다.

지금 같은 추세라면 현상 유지도 힘든 10년 세월을 또 보내고 말 것입니다. 그나마도 지금 진행하고 있는 4.5.6.7 도 산업단지는 속도감 있게 계속 진행하면서 한쪽으로 대단위 산지개발을 계획해야만 할 것입니다.

제천은 산지 면적이 80%에 속하는 깊은 산골입니다.

기존의 제천시는 농공단지 1,2,3,4 도 산업단지 1.2.3.4.5.6.7 세명대학(의과대증설要함) 시멘트 공장 2. 도시내 공공기관 유치등을 알차게 다듬고 키워가야 합니다. 도시 전체의 생활인들에 활력소가 될 관광개발의 저변 확대를 빈틈없이 이행해 가야 합니다. 기존의 역량을 발전시켜가며 이제 제2의 새로운 제천건설의 남제천 20만~30만 인구의 도시개발의 도시계획이 선행-임완되어야 할 것입니다.

산지 개발의 명재를 가지고 왜 지금 뚱딴지 같은 제2의 도시계획을 이야기하느냐는 반문하는 이들이 있습니다. 나는 제천은 그럴만한 국토의 면적을 가지고 있으면서 그렇게 일을 추진할 용기를 가진 지도자가 나타나지 않고 있다고 생각해서 이 문학적이지 못한 도시 발전에 대한 논술을 또 쓰게 되는 것 같습니다.

지금까지 해온 본 제천의 도시 발전 과정에서도 토목공사를 더 벌리지 말라는 맹꽁이 같은 소리가 튀어나오고 있는 실정을 감지하지 못하고 있는 것도 아닙니다.

그러나 위에서 말했듯 본제천 개발을 아무리 떠벌려 보아도 15만~20만 정도 인구면 더 모여서 살기가 힘들 것입니다. 그러면 자연히 남제천의 빈공간으로 난개발의 도시 발전이 이동될 것 아닙니까? 양화리를 지나 금성·청풍·수산·덕산·한수로 내려가면서 본제천의 80년을 이끌며 온 땜쟁이 도시 개발역사를 진행형으로 두고 남제천 개발을 100년 후에나 기다려 본다는 것은 후세에 유산으로 남기고 죽기가 참 민망하여 내 9시집 말미에 이 글을 남기게 되었습니다.

마침 2024년 국회의원 선거 공약 중 대기업을 유치하겠다는 기다리던 지도자다운 지도자가 국회의원 후보로 나왔기에 그분들이 마음 놓고 일할 수 있는 사전작업을 시에서 해 놓아야 할 것 같아 9시집 말미에 발표하기로 하였습니다.

산지개발2

　대기업을 유치(국가산업단지)해야만 양질의 일자리가 생기고 걸맞게 양질의 일자리가 생기면 타지의 인구가 모여들고 모여든 인구가 5~6명의 가정을 이루고 편안하게 살 수가 있는 경제 환경이 이루어지는 것 아니겠습니까? 그러면 앞뒤 없이 인구가 늘어나게 되고 본제천 15만~20만, 남제천 15만~20만 해서 30~50만 인구가 되면 그때 비로소 제천은 자족도시가 되는 것입니다. 여러 가지로 제천이 1+1=4가 된다고 생각한다면 꼭 그렇게 해야만 할 것 아니겠습니까?

　그렇게 하기 위하여 남제천 산지개발을 계획적으로 도시계획을 입안 대기업을 유치하기 위한 작업이 선행되어야 합니다. 대기업을 유치하겠다면 첫째 용지가 있어야 합니다. 제천에 어디 30만평, 50만평하는 용지가 있습니까? 용지만 만들어 놓으면 본제천 같이 강원도에서 물을 끌어와야 하였지만 남제천의 식수원뿐 아니라 공업용수도 얼마든지 퍼 올리고 퍼내려 쓸 수 있는 서울의 한강같은 제천 청풍강에서 물이 흘러 내리고 있지 않습니까?

　남제천 시민들은 수도사업소만 하나 더 증설하면......여기서 말하는 산지개발은 16년전의 산지개발 같은 산지개발이 아니고 큰 벌판을 만들기 위하여 산과 구령을 고도를 맞추어 30만평 50만평 이상의 공장용지를 만드는 대단위 토목공사를 원대한 포부를 가지고 도시계획을 설계하고 대기업을 유치하는 것입니다.

그 주위에 주거지역 상업지역 학교 병원 공공기관 농업 경영의 유통시설 등이 들어설 도시권 건설이 이루어지는 한 군데도 아니고 네다섯 군데가 이루어져 그 설계 수순으로 대기업을 네다섯 군데 끌어들일 수 있어야 합니다. 그리하여 인구 30만~50만의 남제천 대단위 신도시 건설계획 설계가 시청 행정에서 선행되어야 한다는 것입니다. 그 위에 지역 개발에 능력 있는 국회의원이 나타나 대기업 유치 1을 시행한다면 시작이 반이 되는 성과가 도출되는 것이 난개발을 막는 효과도 얻을 수 있는 길이 되지 않겠습니까?

여기서 먼저 1~2차분만 가능지역으로 설명해 보기로 하겠습니다. 차나물 쪽으로 들어가 한군데 더 있지만 예비지로 뒤로 밀어놓고 제천시 단양가는 길로 들어서 남동막으로 들어가는 길로 들어가는 길을 따라 내려가다 보면 본제천 양화리를 지나 금성 가는 길과 만나게 됩니다.

거기 산과 구령들을 고도를 맞추어 평면으로 용지 조성을 하면 수십만평의 대기업을 유치하는 용지가 생깁니다. 그리고 건너편 양화리서 금성으로 내려오는 쪽에 상업지역 주거지역 병원 학교 복지시설 체육센터 등 공공시설용지 등으로 개발하는 도시계획이 선행되는 대단위 설계가 이루어져 시에서 모든 행정 절차를 마무리해야 됨으로 시와 지역 국회의원 한 마음 되어 진행해야 합니다.

2차 대기업 유치 입지로 금성에서 활산으로 들어가는 구렁지에 몇십만평의 용지를 확보해야 합니다. 그 맞은편 도로 건너 쪽과 금성면 사무소를 연계해서 주거지역 상업지역 병원 학교 복지시설 체육시설등 금성면을 읍·군 단위로 키울 수 있는 도시계획을 입안하여 실행하면 되지 않겠습니까? 거기에 도 산업단지도 몇 개 더 생길 수도 있을 것입니다.

청풍면은 관광 사업지로 하고 3차 지역으로 수산과 덕산 사이에 4차 지역으로 덕산과 근접한 한수 사이에 대기업 유치할 용지를 확보하는 것입니다. 덕산면을 읍·군 단위로 키우는 도시계획으로 남제천의 생활권이 충주 등지로 새 나가는 것을 막아야 할 것입니다.

한수면은 청풍면과 같이 관광 사업지로 키울 수 있는 도시계획으로선 실천되어야 하는 것이 월악산 월악봉의 정기가 충주로 빠져나가고 있는 것은 역대 시장 군수들의 무관심에서 모든 책임을 물어야 하며 앞으로도 마찬가지일 것입니다.

여기서 우선 급한 것은, 청풍 종점 관광 승합차 등을 당장 한수 월악산까지 연장시켜 운행해 주면 좋겠습니다. 상기와 같은 수순으로 계획적인 남제천 개발 계획으로 도시계획을 해 나간다면, 본제천 개발에 지금 80년이 걸렸습니다. 이 추세라면 앞으로 20년이 더 걸려 100년이 걸려야 할 것을 국가산업단지를 유치, 상기와 같은 남제천 개발계획의 도시 계획이 성립되 대단위 중장비들이 남제천 골골이 원대한 꿈을 펼친다면 10년 20년 걸려 인구는 본제천을 다섯 배로 늘어날 것입니다. 단양에 한 두군데 대기업 유치가 같이 이루어진다면 백만 인구가 늘어 우리 학창시절 제천의 반도 안 되던 용인면이 이제 특별시지구로 편입된다고 하듯 제천 지구도 특별시 지구로 편입될 수 있게 된다는 꿈을 가질 수 있게 됩니다.

그렇게 되면 산지면적 80%의 산골마을 제천 단양이 산지면적 60~70%에 가까이 유지돼 살기 좋은 내고향 제천으로 길이 보존될 것이라 확신합니다.

이상의 장기 계획에 의한 남제천 발전 구상은 도시계획에 의한 장기 계획서입니다.

시작이 반이라 하였습니다.

그 전초기지로 저는 다음과 같은 입안 계획을 추천합니다.

제천은 군사 기지로 발전하기 시작 오늘에 이르고 있는 원주 후방을 받치고 있는 요새의 지형에 자리를 잡고 있습니다. 또한 지형적으로 외부의 레이다에 쉽게 잡히지 않는 구렁지 분지에 자리 잡고 있습니다.

그러한 남제천 분지에 수십만평 정도의 방위 산업의 대단위 중앙정부 차원의 수출을 겨냥한 생산공장이 대기업의 주력사업지로 자리잡아 준다면 그보다 효과있는 출발은 없을 것입니다. 완제품은 시멘트 운송에서 보았듯 기차를 이용하면 될 것입니다. 이러한 전략적 국가

산업단지가 먼저 이루어진다면 하는 기대감을 남깁니다.
지역 발전을 위하여 힘을 모읍시다.

청풍淸風에 부는 바람

무슨 인연으로 너 예서 만나 흘러간 추억
님의 모습 불러 모으나
떠나간 얼굴 님의 모습 불러
아름답던 지난날에 우리들 이야기 품에 안고
떠나간 님의 곁에 머물다간 바람은 돌아올 줄 모르고
산새소리 울어 울어 울음 싣고
산 넘어오는 바람 갈 곳 없어 내 품에 파고드네
떠나간 님들의 곁에 머물다간 바람
그리움 실어 님 찾아 떠난 바람, 바람
갈 곳 없어 내 품을 파고들던 바람
떠난 님 돌아올 줄 모르는 그 언덕 위엔
산새 울음 휘어 감고
강변에서 꿈 띄워 보내던 님 따라간 바람
그 님의 모습 흐르는 강물 위로 찾아보아도
호수에 물살 이루며 돌아올 줄 모르고 가네
청풍에 부는 바람, 바람
언덕에 서서 보는 옷자락 부여잡고
매어달리는 낯선 바람만 내 곁에서 찢어지게 울고 갈 뿐
가네, 가네 돌아볼 줄 모르고 가네
아! 청풍에 부는 바람, 바람, 바람~~

제천소나무 박광옥

월악산

2024년 4월 18일 목요일 오전이었습니다.

신문을 뒤척이다가 지방신문 두 군데에 똑같은 기사로 제천시 소규모 관광단지 후보지 선정이란 제목이 눈에 들어왔습니다. 의림지, 청풍호반 사업추진 탄력이란 중앙정부의 소규모 관광지역에 대한 지원대상에 제천이 선정되었다는 기사였습니다.

제천은 관광 개발하면 의림지, 청풍호반 사업을 놓고 많은 노력을 하고 있는 것으로 시민들은 알고 있고 저 또한 그렇게 듣고 느끼고도 있습니다.

그러나 그 노력들에 비해 관광지에 대한 국민 호응도는 아직 많이 빈약한 것 같습니다.

의림지 관광리조트, 청풍호반 익스트림 파크 사업을 포함 인구감소지역 7개 시 군의 소규모 관광단지 10곳을 지정해 추진한다는 내용이였습니다.

열악한 재정지원의 인구 감소지역에서 벗어나지 못하고 있는 상황에서 중앙정부의 소규모 관광지역에 대한 지원 대상에 선정 되었다니 기쁘기도 합니다.

의림지와 청풍에 대한 이야기는 2011년 4월에 발행한 저의 산문집 미래를 여는 글에 여러 편 써 놓은 것으로 덮어 놓고 있었습니다. 그 많은 세월이 가도 아직까지

제천 하면 의림지, 청풍호반 관광개발뿐 그도 이 정도의 수준뿐이 성장하지 못했다는 한탄이 절로 나옵니다. 같은 제천 안에 있는 전국 단위의 명산을 가지고 있으면서 아직도 의림지 청풍만 책상 앞에 놓고 이러고 있어 될 일이 아니다 싶습니다. 제천 하면 의림지, 청풍, 한수의 월악산 관광개발로 시정 행정의 폭을 넓혀 주기를 바랍니다. 월악산 관광개발의 서문을 열어볼 월악산 이야기를 시작만 해 놓기로 이 글을 쓰게 되었습니다.

월악산 하면은 국내 명산들 중 신라시대부터 진평왕, 문무왕, 마의태자 덕주공주 등의 이야기를 품에 안고 있으며 원효대사, 사명대사가 몸담는 등 어느 국립공원보다 많은 10여곳 이상의 고찰을 품고 있습니다.

아시는 분들은 알고 계시겠지만 가장 근세의 조선의 마지막 왕비가 된 청풍의 여인 명성황후의 별궁이 있던 곳도 월악산 아닙니까?

월악산 기슭에서 자리 잡았던 명성황후의 별궁은 황후가 일본의 자객에 의해 살해된 뒤 제천인들이 분개해 치열한 의병활동의 정신적 모체가 되었습니다. 일인들에 의해 제천은 불바다가 된 시가지가 잿더미가 되고, 조선왕조는 문을 닫고 말았지 않았습니까? 명성황후가 소련의 편에 섰다고 득세한 친일파들이 앞장서 민비로 강등시킨 바 민비로 남겨둔 역사 속의 이름을 제천인들은 다시 황후로 추대해 주어야 할 것입니다. 늦어도 한참 늦었지만 실행해야 할 것입니다.

일본은 그 황후의 별궁마저 그냥 두지 않았습니다.
　그들은 황후의 별궁을 뜯어다 한수보통학교를 짓는데 사용하고 한글을 못 가르치게 하였으며 우리의 고유 성씨 마저 창씨 개명하기 시작하지 않았습니까?
　위의 이야기들은 모두 실화를 근거로 한 앞으로의 발전을 토대 삼을 이야기입니다. 세월이 많이 흘러도 잊어서는 안 될 소홀히 해서도 안 될 민족의 역사는 국민들 심중에 뿌리 박혀 있어야 합니다. 세월이 흘러 자유 민주주의를 지향하는 대한민국의 우방 국가의 일원이 된 일본과 외교 관계에 서 있는 현 정부의 신임관료 등을 흡사 그때 그 시절의 친일파 족속으로 몰고 가려는 이들이 있습니다. 일부 정치 세력들에 대한 분별의식을 우리는 또 소홀이 봐서는 안 된다고 봅니다. 깊은 우려를 남기며 남제천 맨 끝에 외롭게 우뚝 서 있는 국립공원 월악산에 깊은 관심과 역사적 복원을 시작해야 합니다. 제천시가 한수면을 특별 지구로 선정 농업부분에서의 특산물 생산가공 또한 먹거리 개발 등 관광지역에서 걸맞는 산업 발전의 장터로서 관광 소도읍으로 인구를 늘려갈 수 있는 계기를 마련해야 합니다. 따라서 행정력의 뒷받침과 월악산이 관광지로 명성을 되찾을 놀이기구 등 시설 설치에 제천시는 특단의 집행 기관을 설치해 한수면 인구늘리기에 주력한다면 시 전체로도 큰 도움이 될 것입니다.
　국립공원 월악산은 그 자체가 크나큰 제천의 자산입

니다.

그 바탕인 한수면에 제천시는 특별 예산 투입을 시작해 주십시오. 의림지, 청풍호반 그와 함께 월악산 일원에 시설 투자를 입안 중앙정부의 문을 두들겨 봅시다. 두드리면 열릴 것입니다. 인구 삼만 명 늘리기!

제천 의병행사가 시작된지도 어느새 40여 년이 되어갑니다.

해방된지도 81년 그 많은 세월이 흘러가도 세월이 갈수록 본 제천인들에게서 멀어져 가고 잊히는 수산, 덕산, 한수 "월악산" 올해도 제천 의림지만 놓고 의병행사는 치러지겠지요? 늦었지만 이제라도 제천시는 작은 예산이라도 국비보조로 확보해 월악산에 명성황후 별궁을 고증을 들어 복원하여야 합니다. 국립공원 월악산에 맞는 리조트 하나 정도는 유치하고 그에 따르는 골프장 운영등 격에 맞는 관광지 개발에 국가적 지원과 앞서 이야기한 소규모 관광구역으로도 의림지, 청풍호반, 월악산 국립공원으로 시세를 넓혀주었으면 하는 기대가 간절합니다. 의병행사에도 남제천 삼면을 특별 출현하는 특단의 조치가 필요합니다. 청풍과 한수의 월악산은 남제천의 꽃입니다.

월악산 기슭에 자리잡은 한수면을 한수읍으로 인구를 늘릴 수 있는 별도의 소도읍 도시계획과 월악산의 관광개발 등은 전적으로 시세를 넓히겠다는 제천시의 행정범위에 있다는 것을 지적해 둡니다.

더불어 관리 영토를 기름지게 넓힐 수 있는 기회의 제천땅은 월악산이 있는 한수, 덕산, 수산에 있다고도 할 수 있을 만큼 세월이 흘러왔습니다.

 그 이상을 유치할 수 있는 생활 경제의 장을 바탕으로 한 치열한 계획으로 수산, 덕산, 한수면과 국립공원 월악산의 명성이 제천 의림지까지 치고 올라와야 합니다. 전국으로 퍼져 나갈 수 있는 제천 발전의 확대 예산안이 도청을 넘어 중앙정부의 승인을 받게 되기를 염원하는 바입니다. 한 시민의 지역문화예술발전의 바람을 이 시집의 문학적 작가정신으로 남기겠습니다.

2025년 8월
제천시 돌모루 마을에서
제천소나무 박광옥 삼가

| 시인의 문학 발자취 |

박광옥
PARK KWANG OK

시인·수필가·작사가
1944년생 (호:제천 소나무)

1991년 10월	대통령 표창 1회 제81839호(대통령 노태우) 육군참모총장 이하 도·시·군 및 각 단체 크고 작은 상 70여 회 수상, 문학상 10여 회 이상 수상이 있음
1996년 10월	대통령으로부터 참전 유공자 증서 교부 받음(제21-24-010484호. 대통령 김영삼)
1998년 11월	문학 세계 신인문학상수상으로 문단 데뷔(시 부문)
1999년 1월	시집 「제천 소나무」 출간 (도서출판 천우)
1999년 10월	시집 「제천 소나무」 80부 제천 역장님 요청으로 제천역에 기증
1999년 11월	문학세계 신인 문학상으로 문단 데뷔(수필 부문)
1999년 11월	제천 의림지 둑 위에 소나무를 보충하여 심기 시작하며 의림지 소나무 인공 군락지 및 가로수 확대, 제천 및 도내 전국 각 공지에 제천 소나무 조경 방식 붐 일기 시작함.(시집 송학산~노을에 사진 소개) 충북도청에서 청와대에 제천소나무를 여러차 실어올려 청와대도 많은 제천소나무 식재(박근혜 대통령 당시) 이원종 충북지사 시절
2000년 6월	제천시 하소동 211-1번지 신당로원 참전 기념탑 앞에

	헌시비 건립(군 관련 행사에 시낭송이 확산되는 계기가 됨) 시:"이별의 씨앗" 석질크기 오석와비(1050×720×240)
2001년 3월	제2회 문학세계 문학상 본상 수상(시집 「제천 소나무」)
2001년 5월	제천 문화원 주관 남한강 수몰 사진 전시회(시 "청풍에 부는 바람"이 간판 시화로 제작 문화 홍보물로 전시 시작(2001년~계속 사업)
2002년 3월	12일 "세계시의 날" 기념 이탈리아 국립시인협회 주관 유네스코 주최 "이태리 시의 바벨탑" 프로젝트에 한국을 대표하는 7인의 서정시에 선정 게재(시 "제천 소나무", "후회")
2002년 4월	월간 「문학세계」에 41개월 작품연재 마감
2002년 10월	문학세계·시세계 100호 출간기념 문학 발전 공로상 수상
2002년 12월	시 제천 소나무 대형시화 제천역 하차 개찰구 벽에 게첩
2003년 12월	시 "후회" 김동진 작곡으로 가곡 탄생
2004년 5월	제2시집 「송학산~노을」 출간(도서출판 「한국시사」)
2004년 6월	제천문화원장 공로패 수상
2004년 7월	제10회 세계 계관시 대상 수상(시 "하늘을 우러르면 흐르는 눈물")
2004년 12월	제15회 한국시 대상 수상(시집 「송학산~노을」)
2006년 3월	"세계시의 날" 기념 유네스코 주최 이태리 「국립시인협회」에서 주관하는 "시의 바벨탑"에 2006 한국을 대표하는 10인의 시인으로 선정 수록됨(시 "봄과 함께")
2009년 6월	충북 제천시 봉양읍 명암리 산4번지 영농 법인 산채 건강 마을내 고 박지견 시인 시비 건립(제천 소나무 문원 사업)

	충북 제천시 봉양읍 명암리 산 4번지 영농 법인 산채 건강마을 내 박광옥 시 김동진 곡 가곡 "후회"노래비 건립(제천소나무 문원사업)

석질 및 크기: 자연석에 오석판 부착(30×80×5)

2009년 12월	Y뉴스지(제천) 3년간 작품연재 마감
2010년 2월	시가 흐르는 서울 조성사업에 시 "환상특급"이 청량리 지하철역 스크린 도어에 게첨(서울시 사업)
2011년 4월	제1집 박광옥 수필집「미래를 여는 글」출간(세종문화사)
2011년 10월	대통령으로부터 국가유공자 증서 교부 받음
	국가유공자증부 제93-280254호 대통령 이명박
2012년 6월	한국 문예 학술 저작권 협회 가입
2019년 12월	3시집「향맥」(시선집) 출간(문학신문출판국) 세종 문학상 수상(시 문학상), 세종 문학상 수상(수필 문학상)
2020년 11월	4시집「내 울안의 생태 정원사」출간(청어 출판사)
2021년 11월	5시집「둥지를 틀어」출간(청어 출판사)
2021년 12월	제천 하소동 211-1에 서 있던 헌시비 이별의 씨앗이 기념탑 이전 관계로 제천시 모산동 568-1번지로 옮겨졌음
2022년 3월	제2수필집「탑 정신 그리고 그 탑의 비밀들」출간(세종문화사)
2022년 10월	제6시집「무궁화 씨를 뿌립시다」출간(청어 출판사)
2023년 4월	제천시 모산동(의림지)568-1 참전기념탑 뒷면과 옆면에 무궁화나무 100포기 식재(제천소나무 문원 사업)
2023년 8월	제7시집「사랑이란」출간(도서출판 명성서림)
2024년 10월	제8시집「후회」시선집 출간(월간문학 출판부)
2025년 5월	제천 하소동 211-1 참전기념탑 있던 자리가 "무궁화 동

	산"으로 확대 조성됨(제천시 사업)
2025년 8월	제9시집 「가고 나면 아무것도 안 남는다, 돌들의 발란」 시집 출간(명성서림 출판사)